ABCDEFGHIJKLM

NOPQRSTUVWXYZ

맨 처음 알파벳 쓰기

예스북

초판 인쇄 2019년 07월 24일
1쇄 발행 2019년 07월 31일

지은이 마샤영어개발연구원
펴낸이 양봉숙
일러스트 유토이미지
디자인 김선희
편 집 권인택
마케팅 이주철

펴낸곳 예스북
출판등록 제320-2005-25호 2005년 3월 21일
주 소 서울시 마포구 서강로 131 신촌아이스페이스 1107호
전 화 (02)337-3054
팩 스 0504-190-1001
E-mail yesbooks@naver.com
홈페이지 www.e-yesbook.co.kr

ISBN 978-89-92197-96-0 63740

Contents

알파벳

에이
Aa

비-
Bb

씨-
Cc

디-
Dd

이-
Ee

에프
Ff

쥐-
Gg

에이취
Hh

아이
Ii

줴이
Jj

케이
Kk

엘
Ll

엠
Mm

엔
Nn

오우
Oo

피-
Pp

큐-
Qq

아-ㄹ
Rr

에스
Ss

티-
Tt

유-
Uu

븨-
Vv

더블유
Ww

엑스
Xx

와이
Yy

지-
Zz

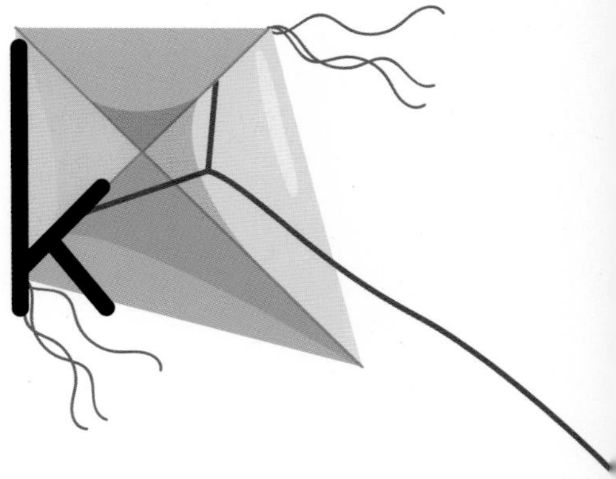

이 책의 구성과 특징

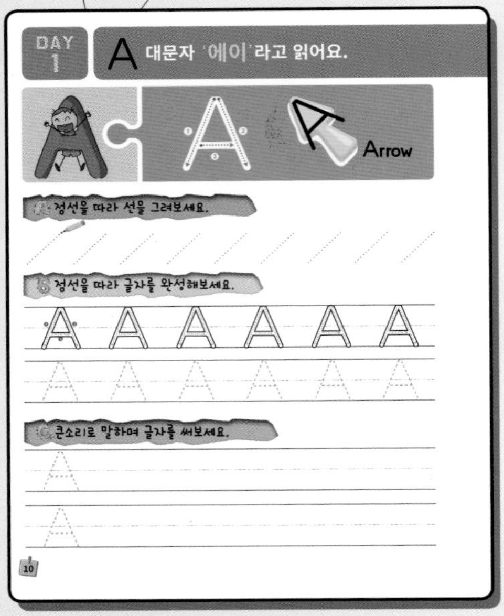

하루에 한 글자를 목표로 해요.
대문자 하루, 소문자 하루로 구성되었어요.

읽는 법을 알려줘요. 대문자부터 시작해요.

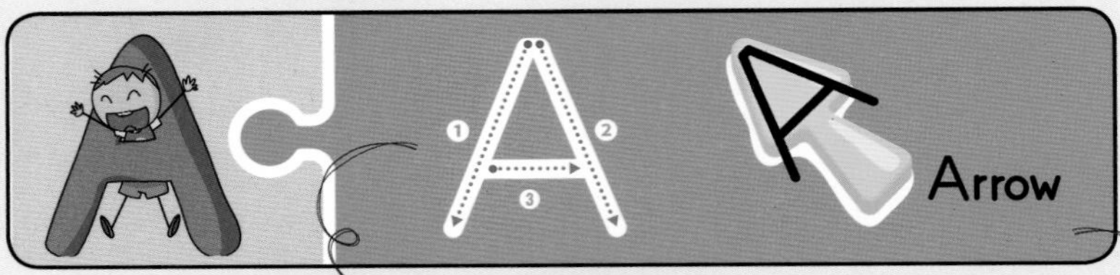

쓰는 순서를 알려줘요.

기억하기 쉽게 대표 단어를
그림과 함께 보여줘요.

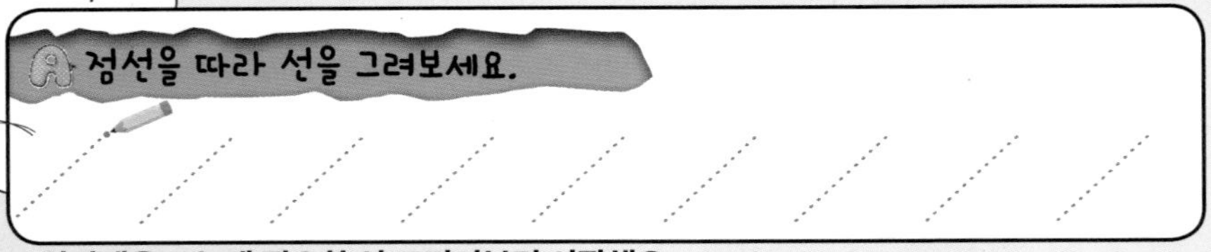

알파벳을 쓰는데 필요한 선 그리기부터 시작해요.
그리는 선은 알파벳마다 달라요.

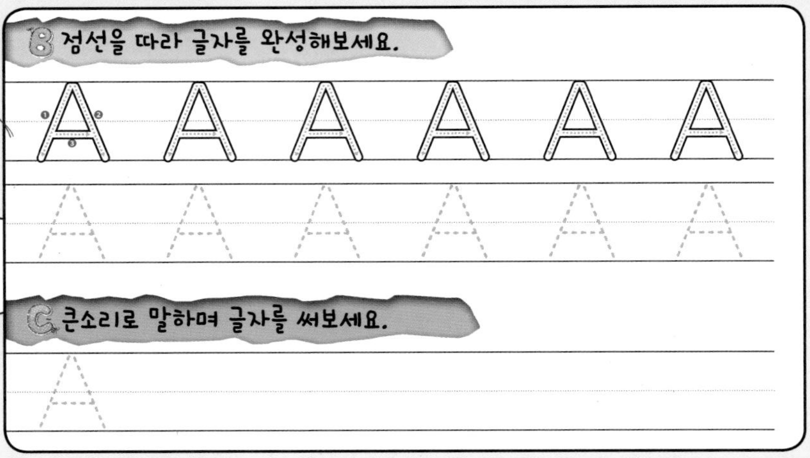

따라 쓰기를 통해 알파벳을
완벽하게 익힐 수 있게 안내해요.

이 책은 알파벳을 쉽게 익힐 수 있게 구성했어요. 그림을 통해 눈으로 기억하기 쉽게 했으며, 따라 쓰기도 효율적이어서 금방 외울 수 있게 도와준답니다. 또한 자연스럽게 반복적인 학습이 이루어지게 구성했으니 시간을 절약할 수 있어요. 주요 특징은 다음과 같아요.

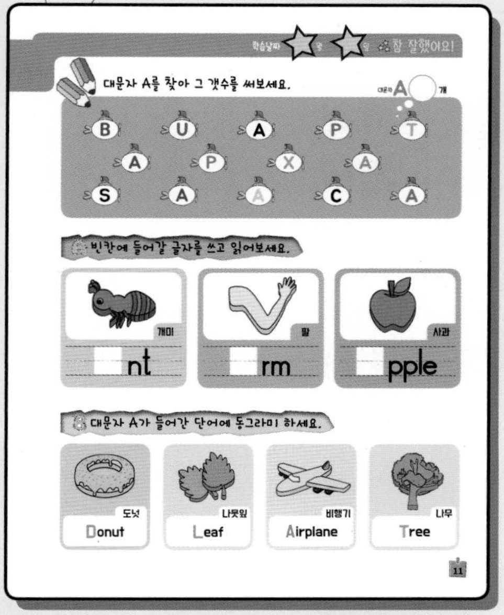

학습한 날짜를 표기해요.

글자를 눈으로 익히게 도와줘요.

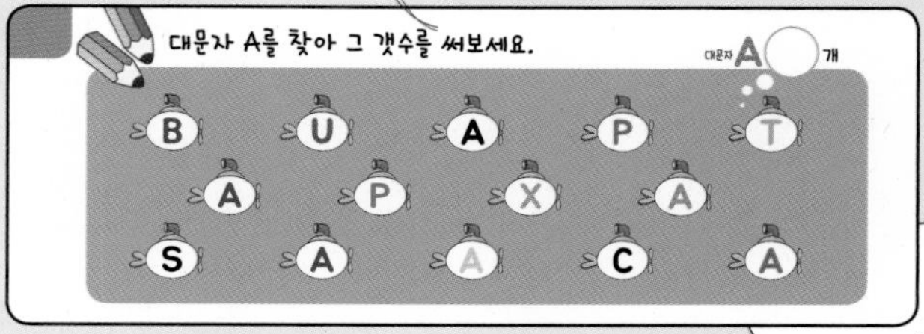

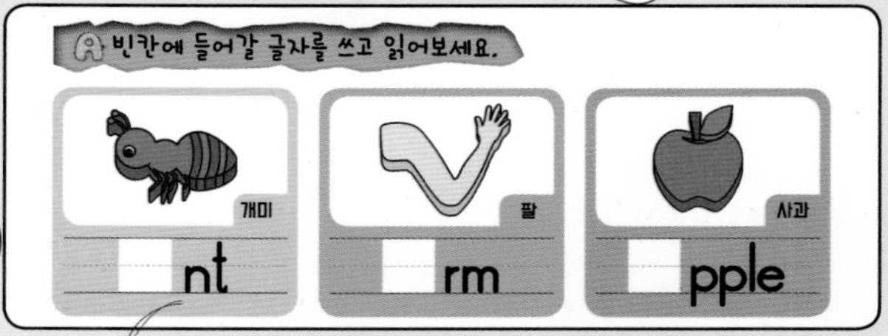

단어를 표현한 그림을 보면서 쓰는 연습을 해요.

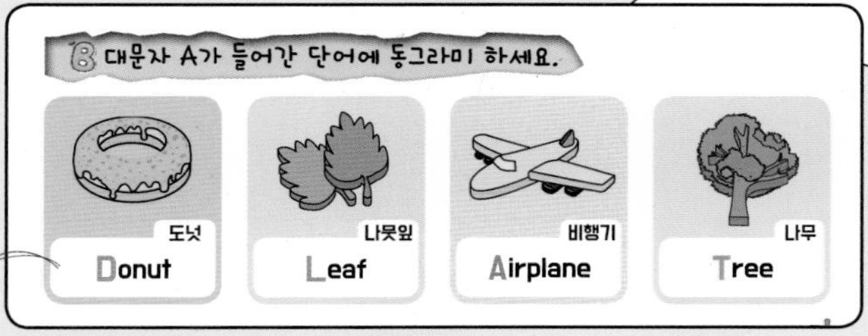

눈으로 다시 한 번 확인해요.

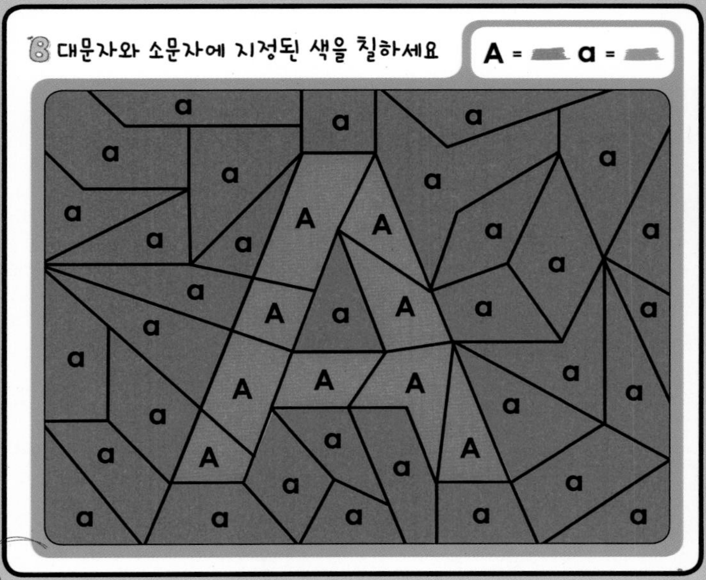

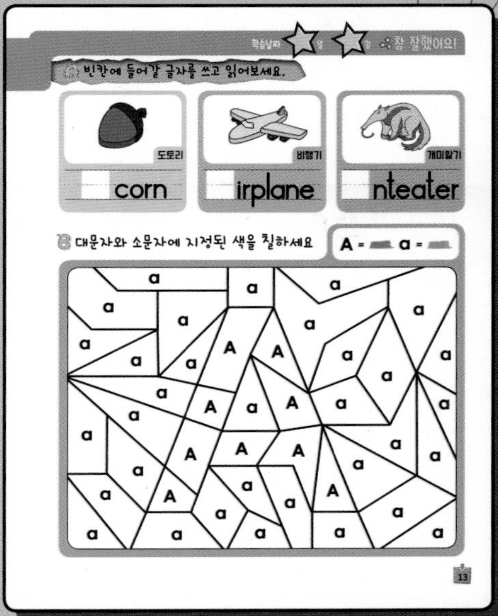

대문자와 소문자에 지정된 색을 칠하면서 모양을 익혀요.

DAY 1 A 대문자 '에이'라고 읽어요.

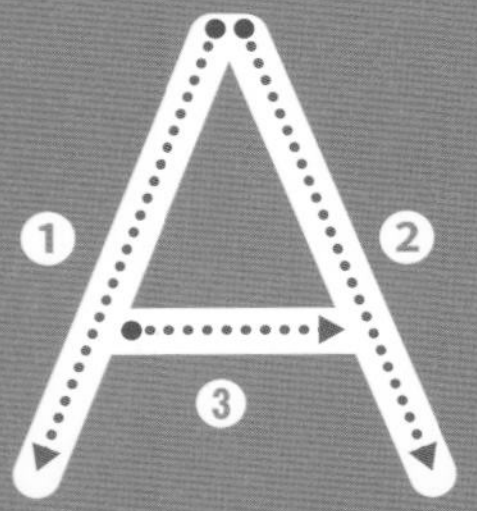

Arrow

A 점선을 따라 선을 그려보세요.

B 점선을 따라 글자를 완성해보세요.

A A A A A A

C 큰소리로 말하며 글자를 써보세요.

대문자 A를 찾아 그 갯수를 써보세요.

대문자 A ( ) 개

A 빈칸에 들어갈 글자를 쓰고 읽어보세요.

개미

□nt

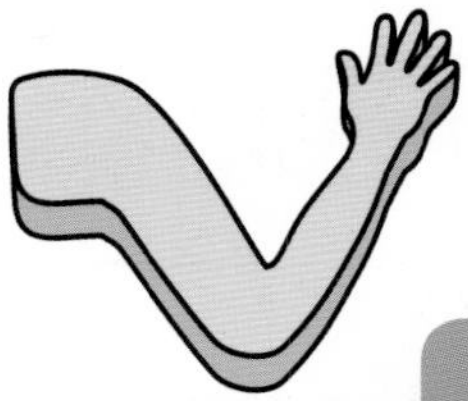

팔

□rm

사과

□pple

B 대문자 A가 들어간 단어에 동그라미 하세요.

도넛

Donut

나뭇잎

Leaf

비행기

Airplane

나무

Tree

DAY 2

a 소문자 '에이'라고 읽어요.

ant

A 점선을 따라 선을 그려보세요.

B 점선을 따라 글자를 완성해보세요.

C 큰소리로 말하며 글자를 써보세요.

A 빈칸에 들어갈 글자를 쓰고 읽어보세요.

도토리

☐corn

비행기

☐irplane

개미핥기

☐nteater

B 대문자와 소문자에 지정된 색을 칠하세요

A = ▬ a = ▬

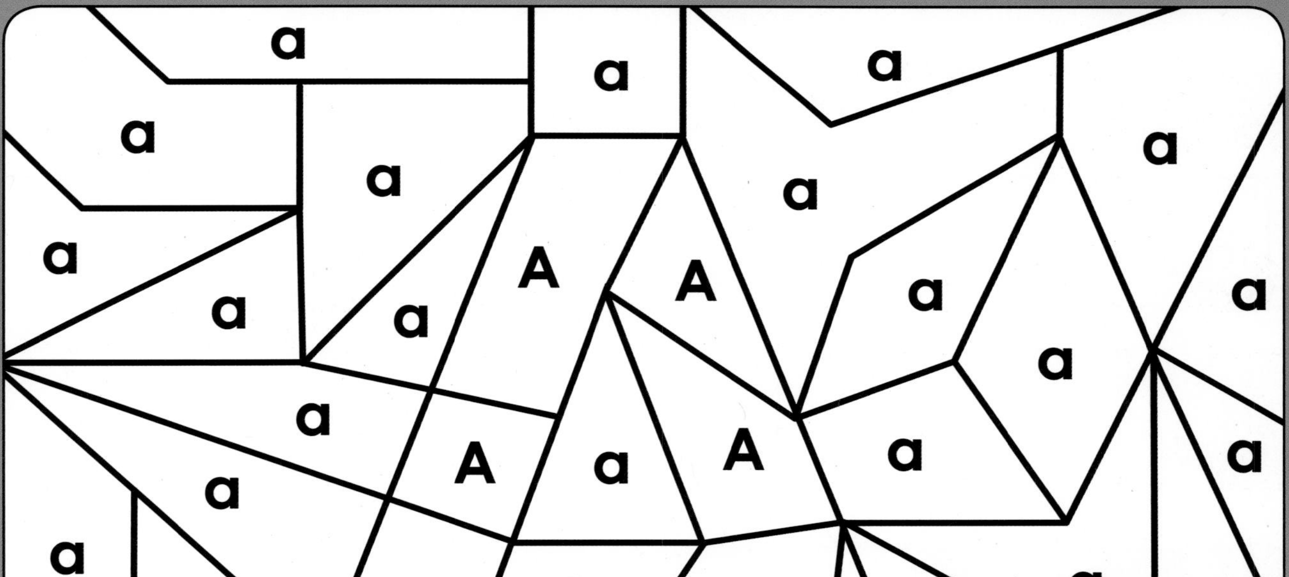

DAY 3

B 대문자 '비-'라고 읽어요.

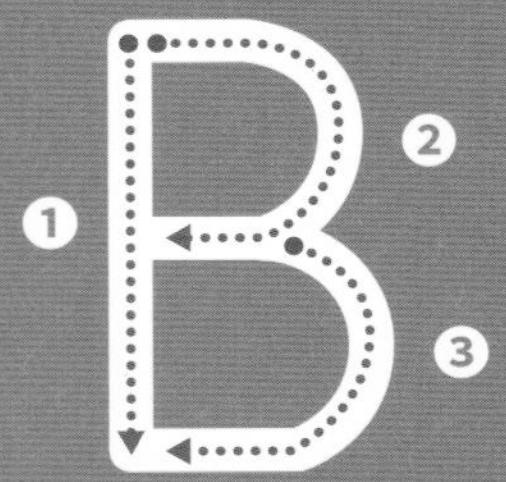

A 점선을 따라 선을 그려보세요.

B 점선을 따라 글자를 완성해보세요.

B B B B B B

C 큰소리로 말하며 글자를 써보세요.

대문자 B를 찾아 그 갯수를 써보세요.

대문자 B ( ) 개

T B G U H
S P B A
B F Q B N

A 빈칸에 들어갈 글자를 쓰고 읽어보세요.

책
□ook

벌
□ee

나비
□utterfly

B 대문자 B가 들어간 단어에 동그라미 하세요.

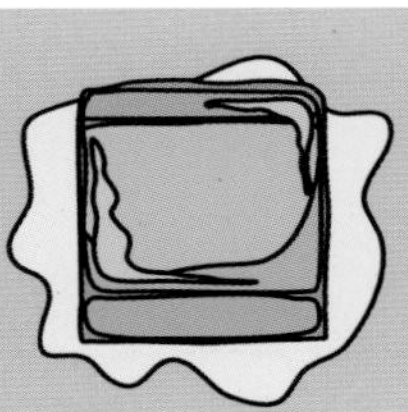
얼음
Ice

공
Ball

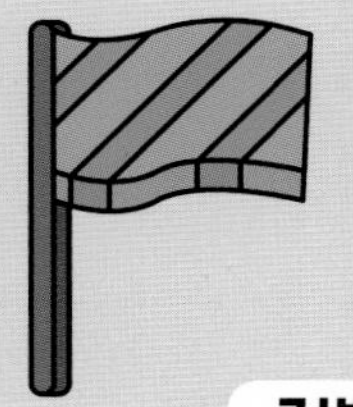
깃발
Flag

선물
Gift

DAY 4

b 소문자 '비-'라고 읽어요.

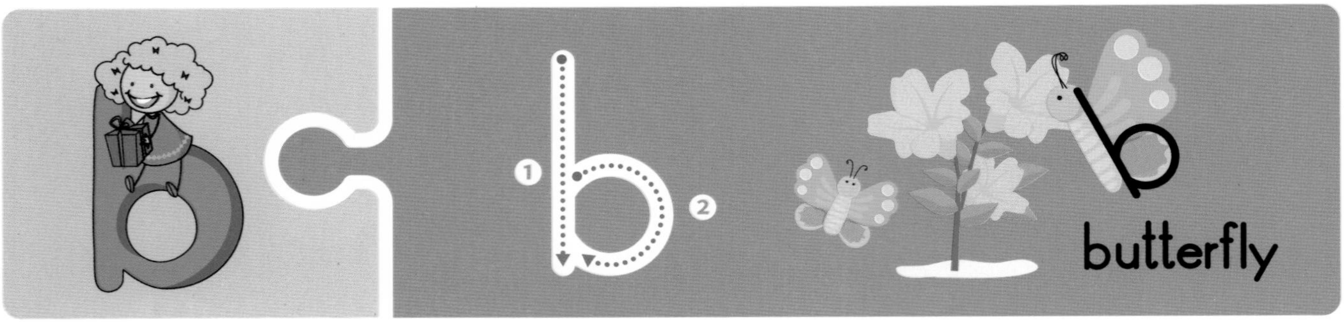

A 점선을 따라 선을 그려보세요.

B 점선을 따라 글자를 완성해보세요.

b b b b b b

C 큰소리로 말하며 글자를 써보세요.

학습날짜 월 일 참 잘했어요!

A 빈칸에 들어갈 글자를 쓰고 읽어보세요.

공

_all

굴착기

_ackhoe

곰

_ear

B 대문자와 소문자에 지정된 색을 칠하세요

B = b =

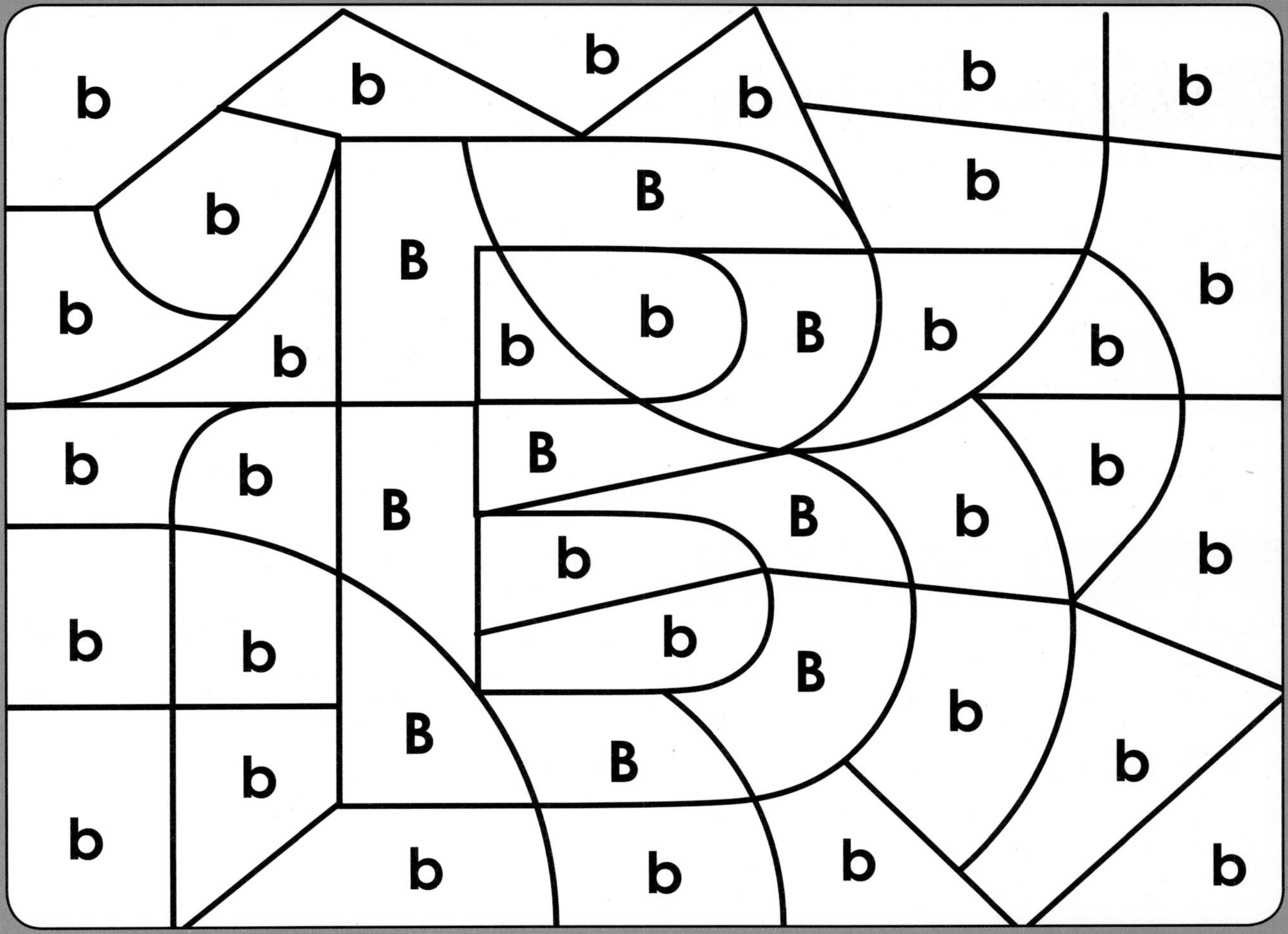

DAY 5

C 대문자 '씨-'라고 읽어요.

① C

Clock

A 점선을 따라 선을 그려보세요.

B 점선을 따라 글자를 완성해보세요.

① C C C C C C

C 큰소리로 말하며 글자를 써보세요.

대문자 C를 찾아 그 갯수를 써보세요.

대문자 C ◯ 개

Z C A T O

Q P H W

C R C K P

A 빈칸에 들어갈 글자를 쓰고 읽어보세요.

자동차

□ar

케이크

□ake

당근

□arrot

B 대문자 C가 들어간 단어에 동그라미 하세요.

타조

Ostrich

시계

Clock

게임

Game

뱀

Snake

DAY 6

c 소문자 '씨-'라고 읽어요.

A 점선을 따라 선을 그려보세요.

B 점선을 따라 글자를 완성해보세요.

1 c c c c c c c

c c c c c c c

C 큰소리로 말하며 글자를 써보세요.

c

c

A 빈칸에 들어갈 글자를 쓰고 읽어보세요.

시계

□lock

구름

□loud

고양이

□at

B 대문자와 소문자에 지정된 색을 칠하세요

C = c =

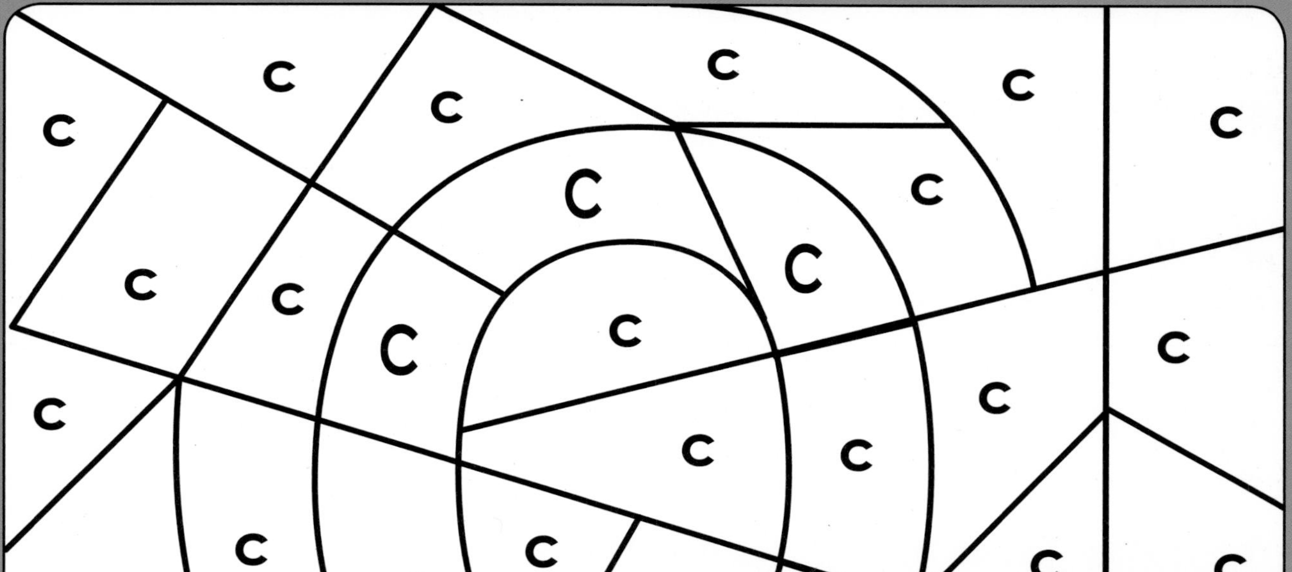

DAY 7

D 대문자 '디-'라고 읽어요.

① D ②

Duck

A 점선을 따라 선을 그려보세요.

B 점선을 따라 글자를 완성해보세요.

① D ② D D D D D

D D D D D D

C 큰소리로 말하며 글자를 써보세요.

D

D

학습날짜 월 일 참 잘했어요!

대문자 D를 찾아 그 갯수를 써보세요.

대문자 D ( ) 개

T	D	A	V	D
J	P	D	L	
S	H	K	Q	P

A 빈칸에 들어갈 글자를 쓰고 읽어보세요.

오리

_uck

잠자리

_ragonfly

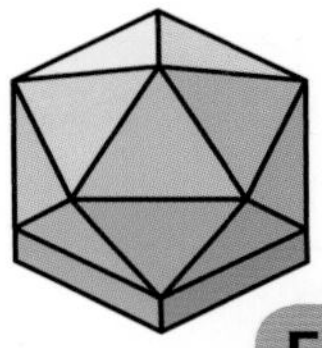

다이아몬드

_iamond

B 대문자 D가 들어간 단어에 동그라미 하세요.

돌고래

Dolphin

잉크

Ink

하트

Heart

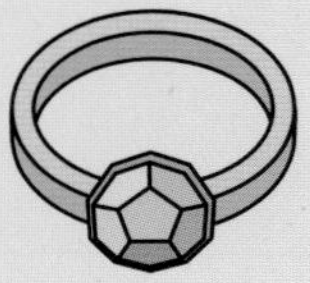

반지

Ring

DAY 8

d 소문자 '디-'라고 읽어요.

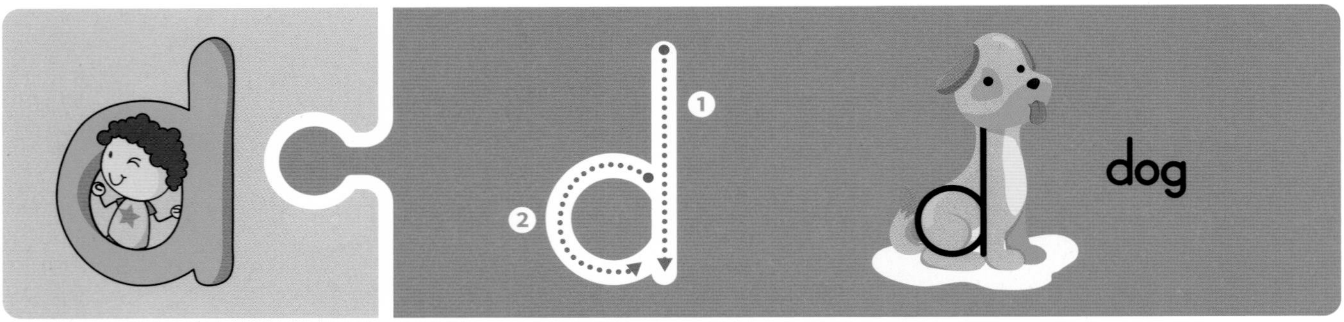

A 점선을 따라 선을 그려보세요.

B 점선을 따라 글자를 완성해보세요.

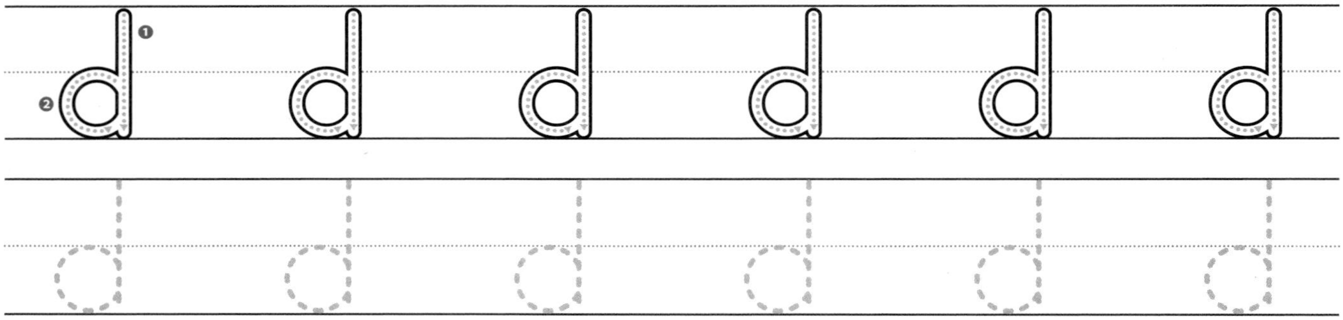

C 큰소리로 말하며 글자를 써보세요.

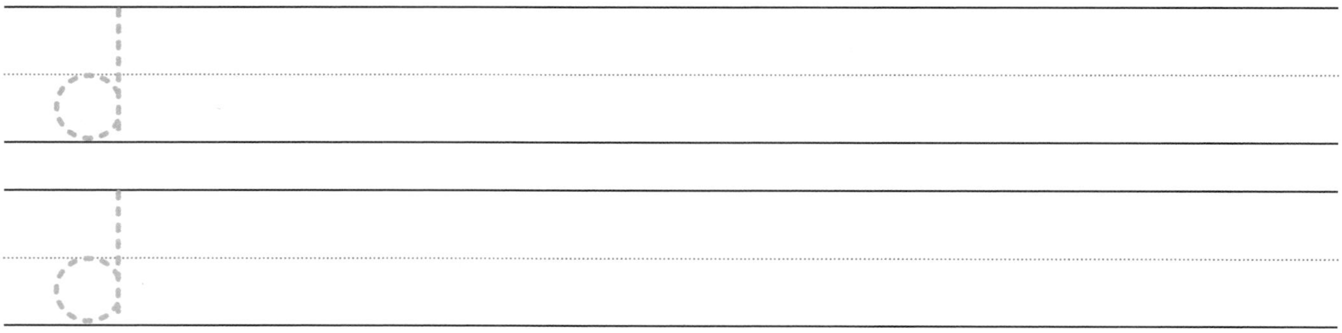

학습날짜 월 일 참 잘했어요!

A 빈칸에 들어갈 글자를 쓰고 읽어보세요.

도넛

☐onut

돌고래

☐olphin

문

☐oor

B 대문자와 소문자에 지정된 색을 칠하세요

D = ▬ d = ▬

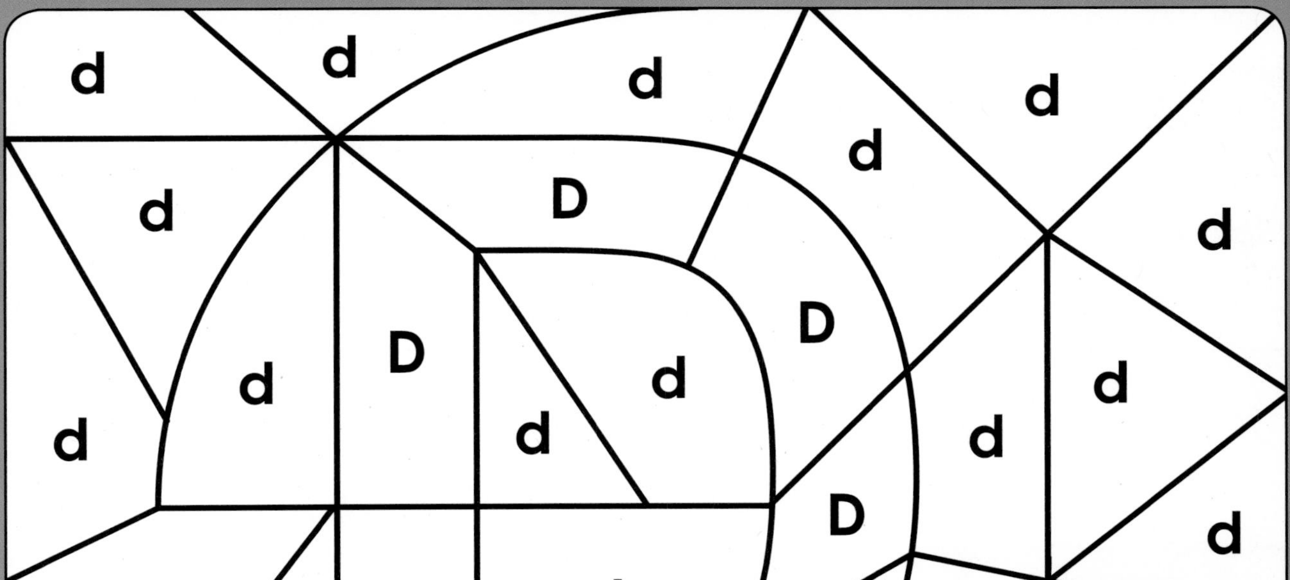

DAY 9

E 대문자 '이-'라고 읽어요.

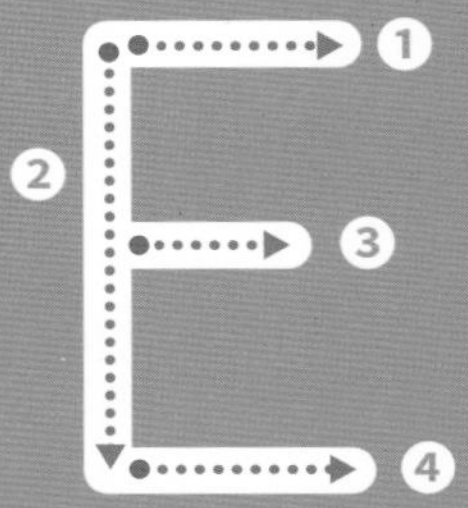

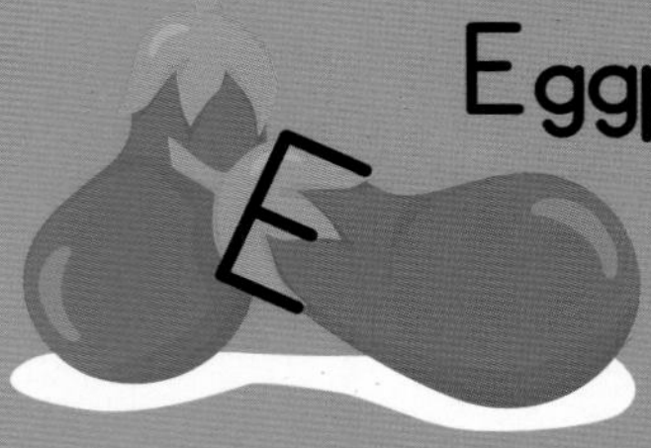

Eggplant

A 점선을 따라 선을 그려보세요.

B 점선을 따라 글자를 완성해보세요.

E E E E E E

C 큰소리로 말하며 글자를 써보세요.

대문자 E를 찾아 그 갯수를 써보세요.

대문자 E ( ) 개

E W I P E

S F E L

E E A H G

A 빈칸에 들어갈 글자를 쓰고 읽어보세요.

코끼리

□lephant

계란

□gg

지구

□arth

B 대문자 E가 들어간 단어에 동그라미 하세요.

우리알

Urial

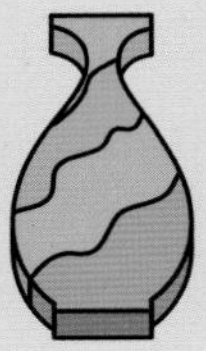

꽃병

Vase

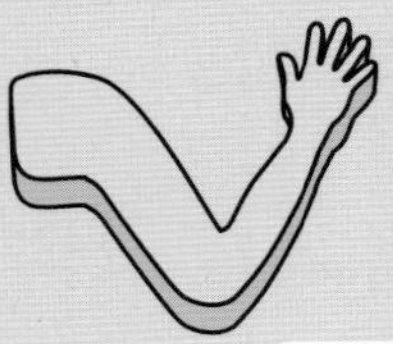

팔

Arm

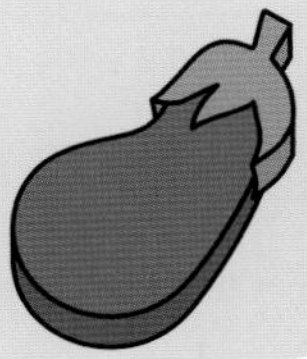

가지

Eggplant

DAY 10

e 소문자 '이-'라고 읽어요.

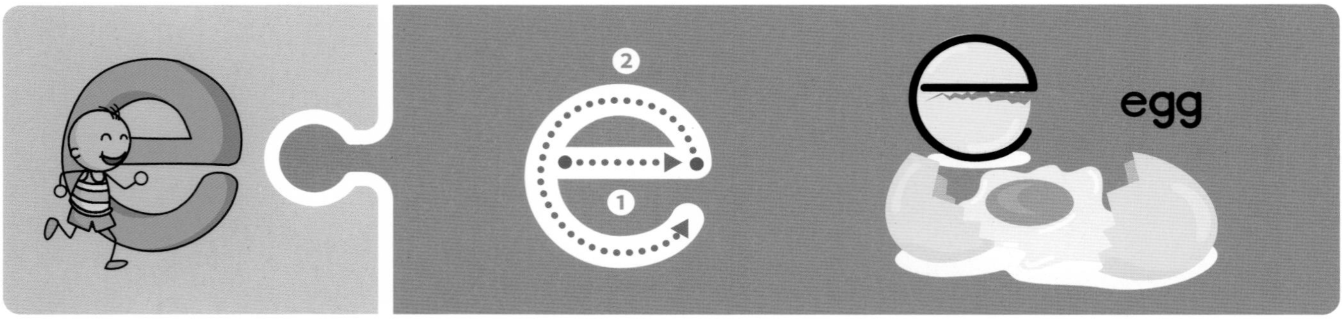

A 점선을 따라 선을 그려보세요.

B 점선을 따라 글자를 완성해보세요.

C 큰소리로 말하며 글자를 써보세요.

A 빈칸에 들어갈 글자를 쓰고 읽어보세요.

가지

_ggplant

독수리

_agle

귀

_ar

B 대문자와 소문자에 지정된 색을 칠하세요

E = e =

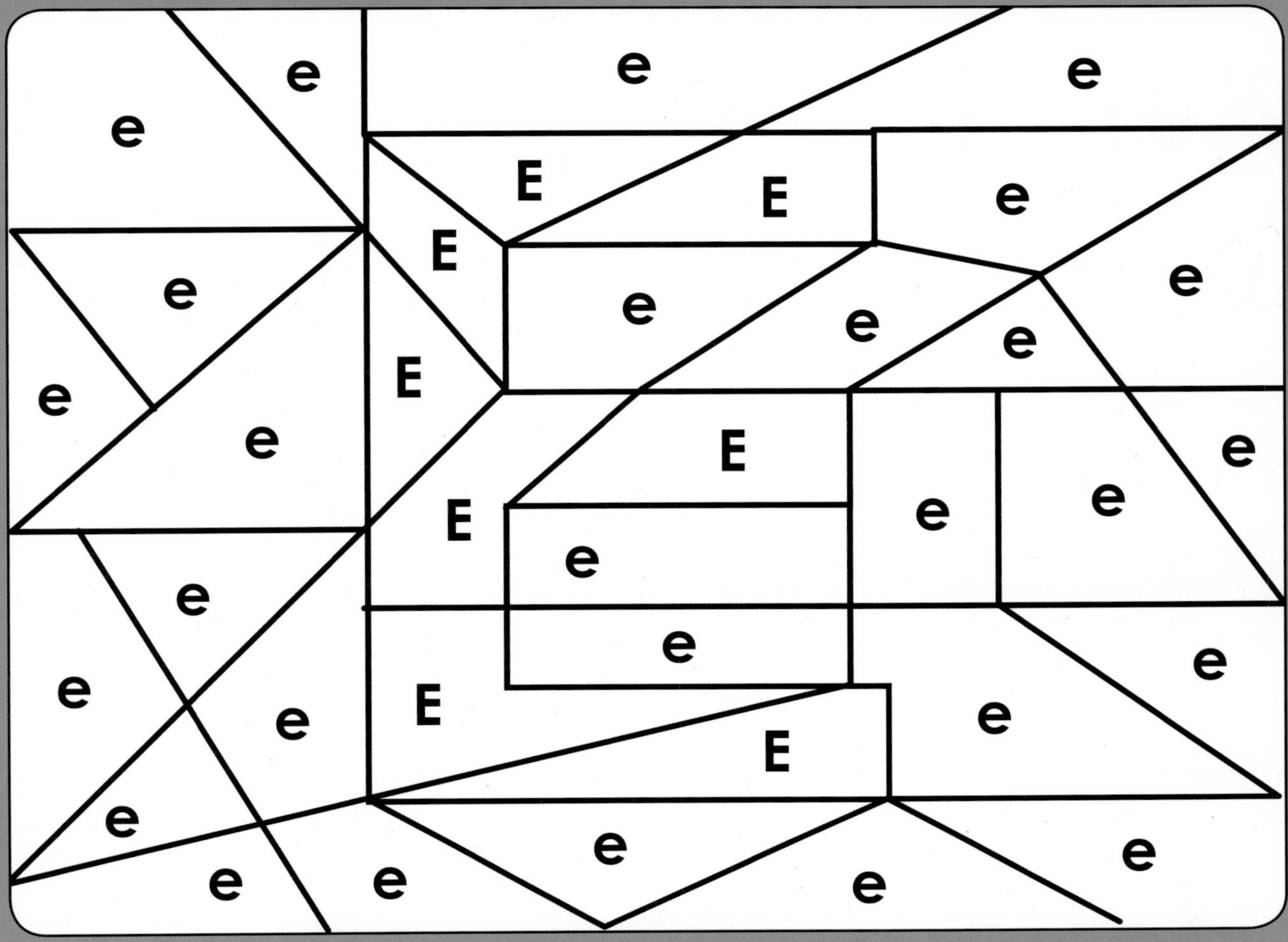

DAY 11

F 대문자 '에프'라고 읽어요.

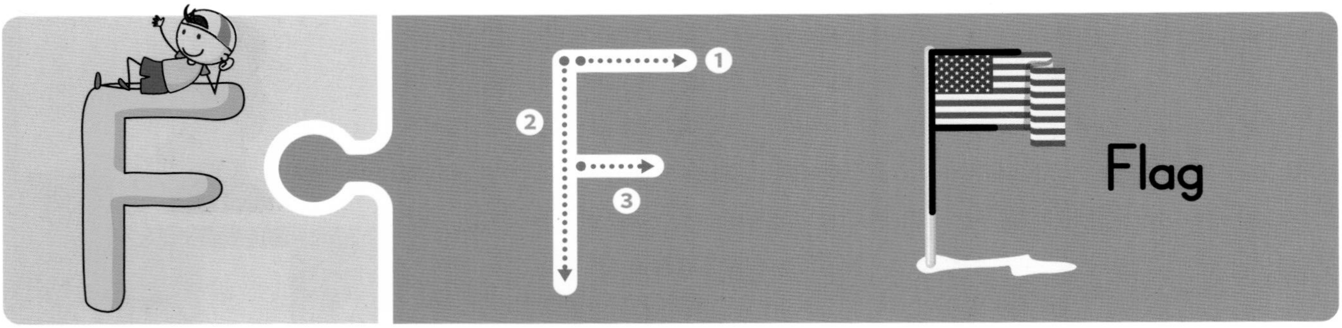

A 점선을 따라 선을 그려보세요.

B 점선을 따라 글자를 완성해보세요.

1
2
3

F F F F F F

C 큰소리로 말하며 글자를 써보세요.

대문자 F를 찾아 그 갯수를 써보세요.

대문자 F ◯ 개

U U B F D

A S F F

P F W J L

A 빈칸에 들어갈 글자를 쓰고 읽어보세요.

물고기

☐ish

개구리

☐rog

꽃

☐lower

B 대문자 F가 들어간 단어에 동그라미 하세요.

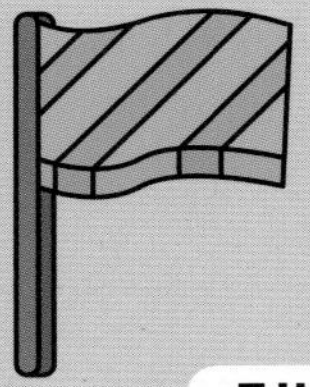

깃발

Flag

애벌레

Worm

포도

Grapes

테니스

Tennis

DAY 12

f 소문자 '에프'라고 읽어요.

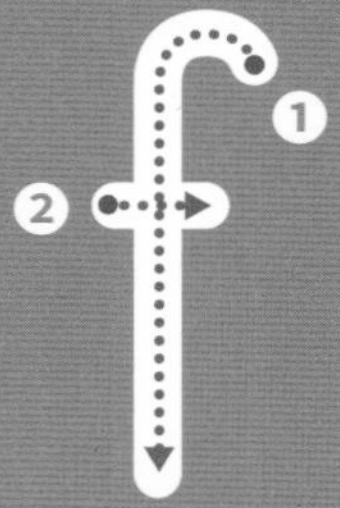

A 점선을 따라 선을 그려보세요.

B 점선을 따라 글자를 완성해보세요.

f f f f f f

C 큰소리로 말하며 글자를 써보세요.

A 빈칸에 들어갈 글자를 쓰고 읽어보세요.

깃발

☐lag

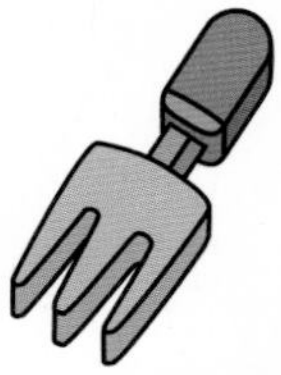

포크

☐ork

양치식물

☐ern

B 대문자와 소문자에 지정된 색을 칠하세요

F = f =

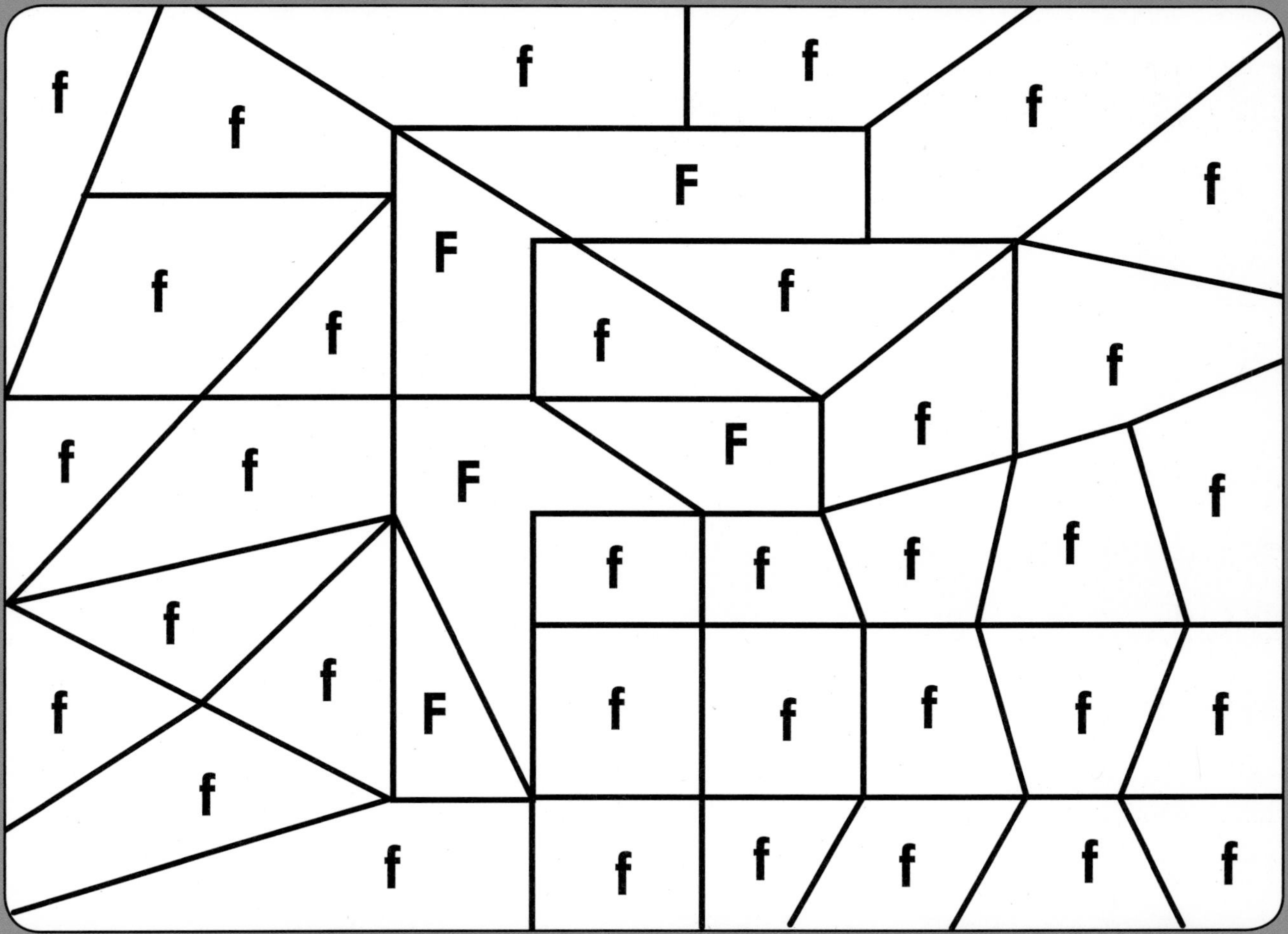

DAY 13

G 대문자 '쥐-'라고 읽어요.

A 점선을 따라 선을 그려보세요.

B 점선을 따라 글자를 완성해보세요.

G G G G G G

C 큰소리로 말하며 글자를 써보세요.

학습날짜 월 일 참 잘했어요!

대문자 G를 찾아 그 갯수를 써보세요.

대문자 G ( ) 개

G B P R M

A X G Q

S Z I G D

A 빈칸에 들어갈 글자를 쓰고 읽어보세요.

포도

□rapes

(사탕같이 생긴) 껌

□umball

게임

□ame

B 대문자 G가 들어간 단어에 동그라미 하세요.

열쇠

Key

하마

Hippopotamus

기린

Giraffe

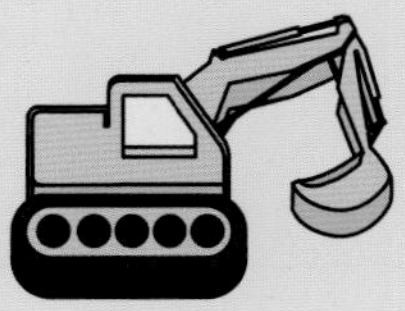

굴착기

Backhoe

DAY 14

g 소문자 '쥐-'라고 읽어요.

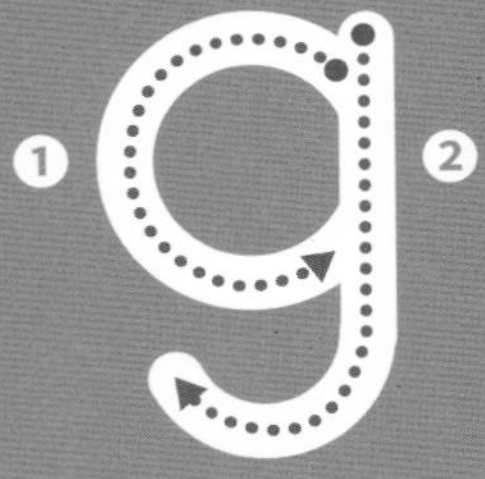

g grapes

A 점선을 따라 선을 그려보세요.

B 점선을 따라 글자를 완성해보세요.

① g ② g g g g g

g g g g g g

C 큰소리로 말하며 글자를 써보세요.

g

g

A 빈칸에 들어갈 글자를 쓰고 읽어보세요.

기린

iraffe

선물

ift

유령

host

B 대문자와 소문자에 지정된 색을 칠하세요

G = g =

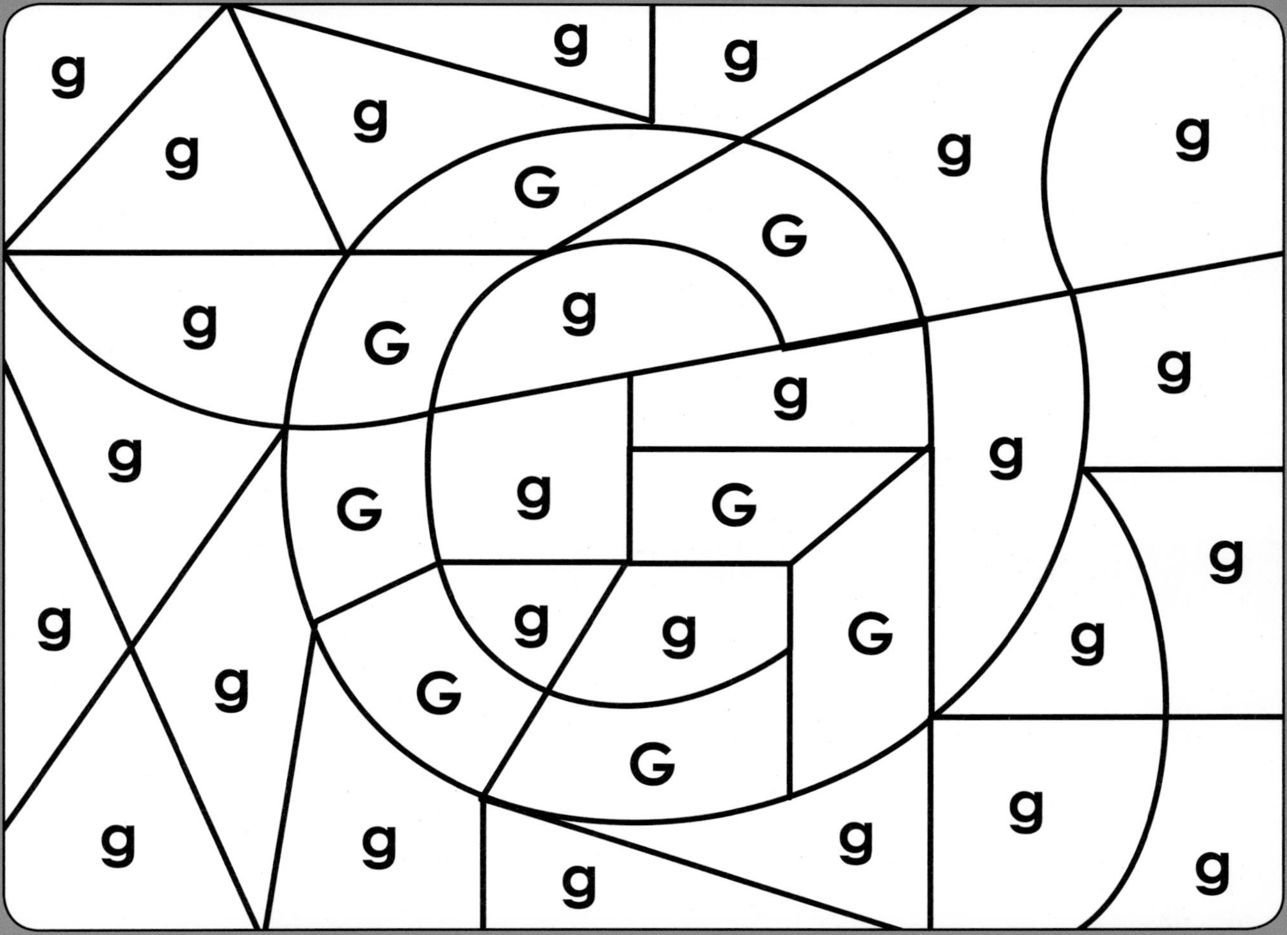

DAY 15

H 대문자 '에이취'라고 읽어요.

A 점선을 따라 선을 그려보세요.

B 점선을 따라 글자를 완성해보세요.

H H H H H H

C 큰소리로 말하며 글자를 써보세요.

학습날짜 월 일 참 잘했어요!

대문자 H를 찾아 그 갯수를 써보세요.

대문자 H ( ) 개

A I H T L

G H X P

S T Q H X

A 빈칸에 들어갈 글자를 쓰고 읽어보세요.

모자

□at

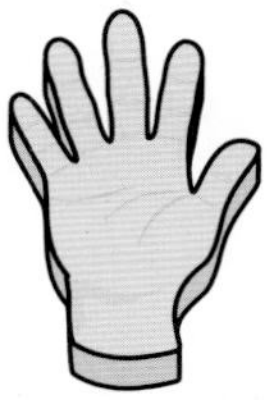

손

□and

하트

□eart

B 대문자 H가 들어간 단어에 동그라미 하세요.

집

House

레몬

Lemon

잠자리

Dragonfly

호랑이

Tiger

DAY 16

h 소문자 '에이취'라고 읽어요.

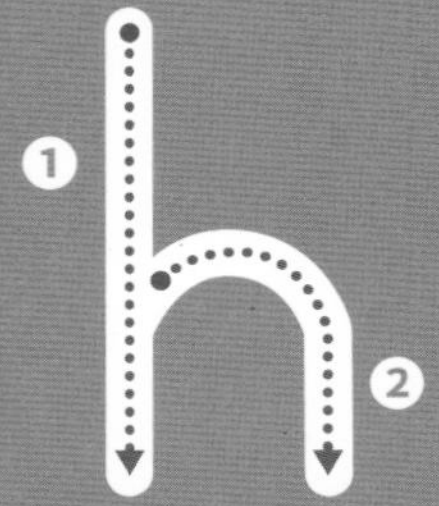

A 점선을 따라 선을 그려보세요.

B 점선을 따라 글자를 완성해보세요.

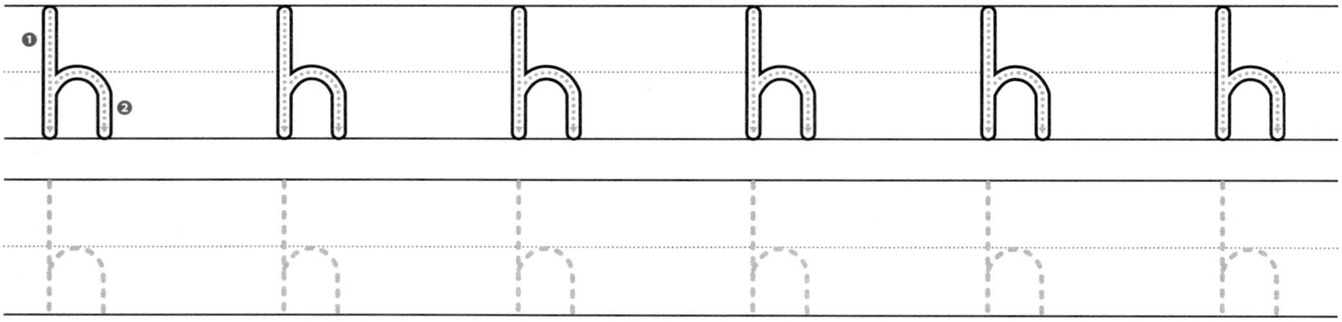

C 큰소리로 말하며 글자를 써보세요.

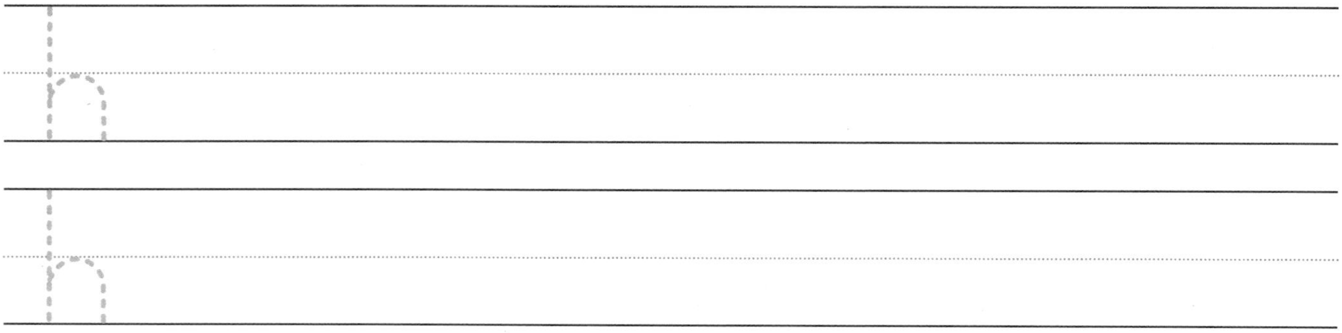

A 빈칸에 들어갈 글자를 쓰고 읽어보세요.

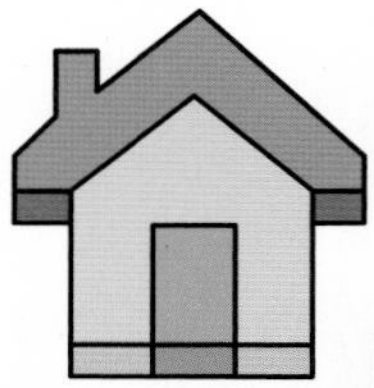

집

_ouse

하마

_ippopotamus

고슴도치

_edgehog

B 대문자와 소문자에 지정된 색을 칠하세요

H = h =

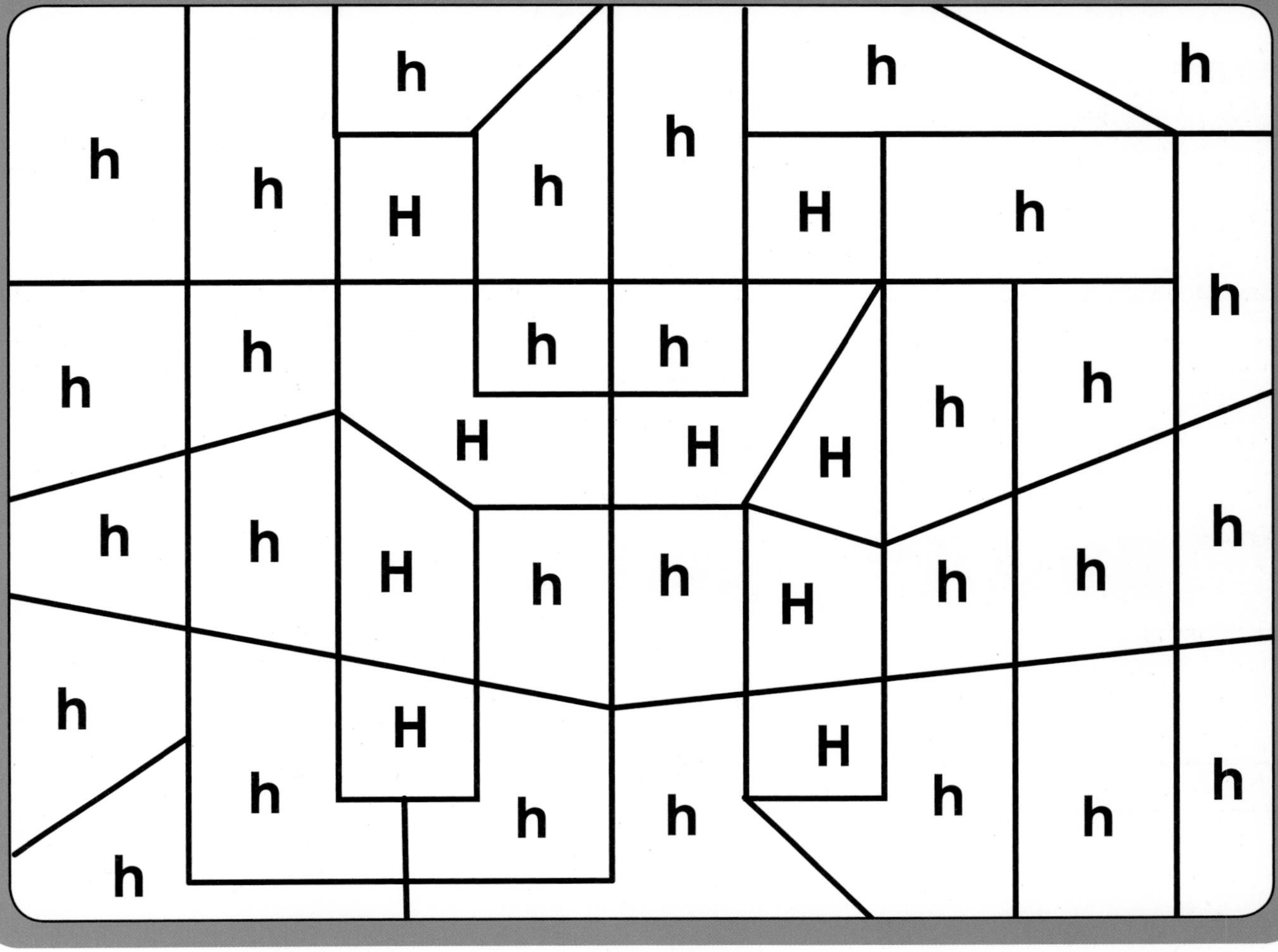

DAY 17

I 대문자 '아이'라고 읽어요.

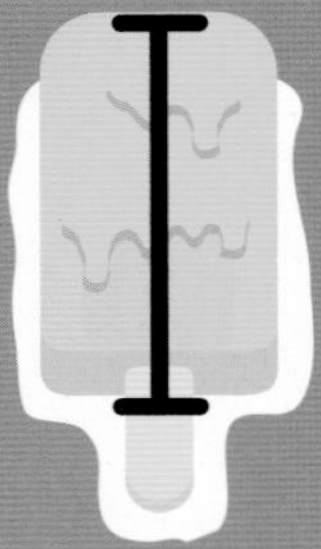

Ice Cream

A 점선을 따라 선을 그려보세요.

B 점선을 따라 글자를 완성해보세요.

1 2 3

I I I I I I

C 큰소리로 말하며 글자를 써보세요.

대문자 I를 찾아 그 갯수를 써보세요.

대문자 I ( ) 개

A 빈칸에 들어갈 글자를 쓰고 읽어보세요.

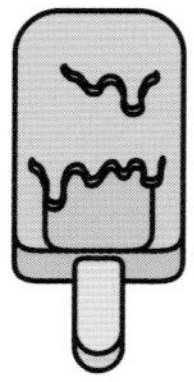
아이스크림
__ce Cream

이글루
__gloo

이구아나
__guana

B 대문자 I가 들어간 단어에 동그라미 하세요.

거북
Turtle

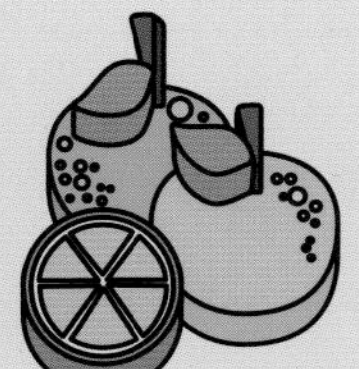
오렌지
Orange

잉크
Ink

공작새
Peacock

DAY 18

i 소문자 '아이'라고 읽어요.

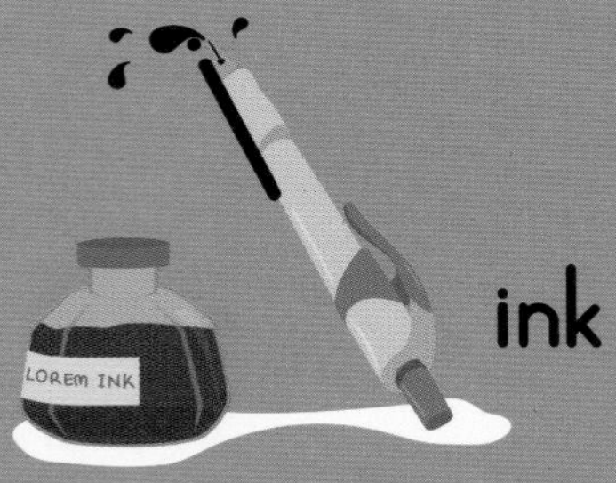

A 점선을 따라 선을 그려보세요.

B 점선을 따라 글자를 완성해보세요.

C 큰소리로 말하며 글자를 써보세요.

A 빈칸에 들어갈 글자를 쓰고 읽어보세요.

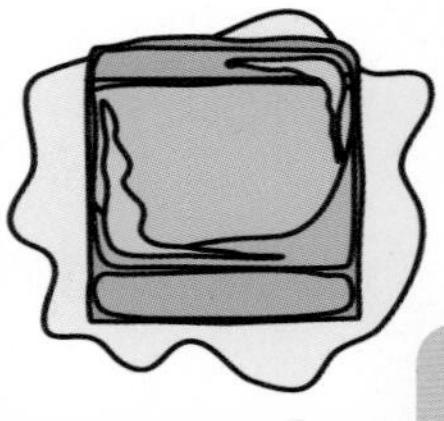

얼음

__ce

잉크

__nk

섬

__sland

B 대문자와 소문자에 지정된 색을 칠하세요

I = (light colour) i = (dark colour)

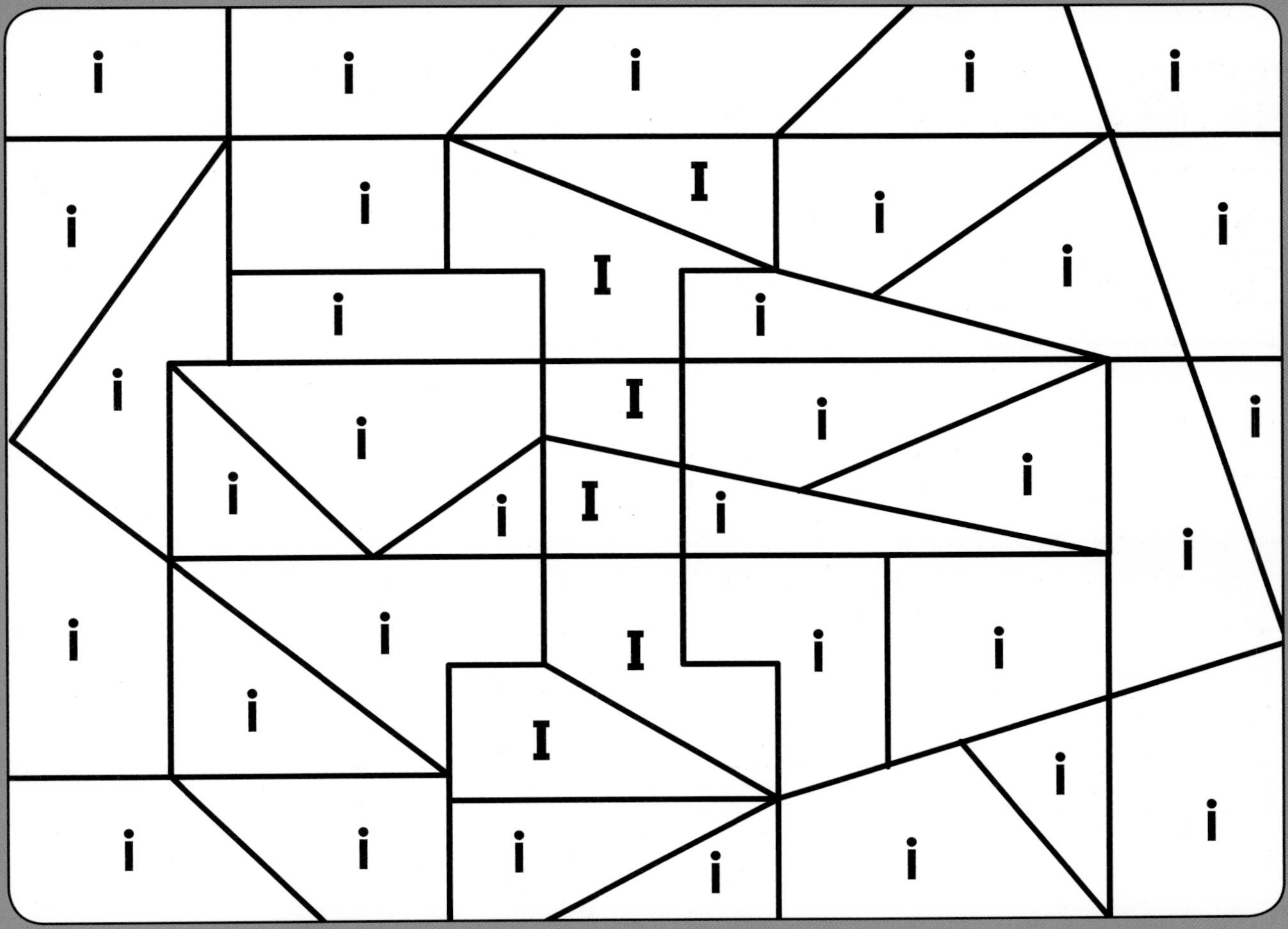

DAY 19 J 대문자 '쥐이'라고 읽어요.

A 점선을 따라 선을 그려보세요.

B 점선을 따라 글자를 완성해보세요.

J J J J J J

C 큰소리로 말하며 글자를 써보세요.

대문자 J를 찾아 그 갯수를 써보세요.

대문자 J ( ) 개

T U F J N

J P X H

W A J E J

A 빈칸에 들어갈 글자를 쓰고 읽어보세요.

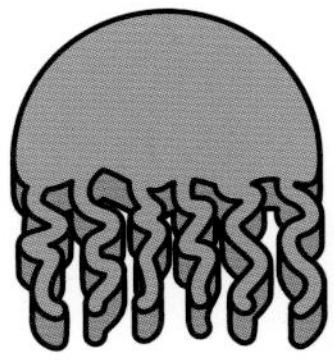

해파리

☐ellyfish

잼

☐am

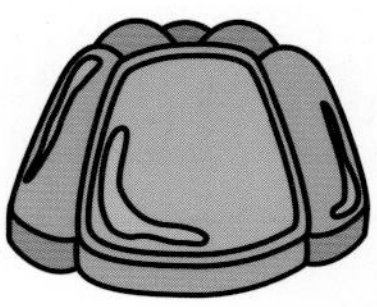

젤리

☐elly

B 대문자 J가 들어간 단어에 동그라미 하세요.

재킷

Jacket

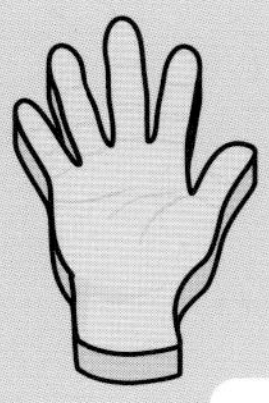

손

Hand

문어

Octopus

토끼

Rabbit

DAY 20

j 소문자 '줴이'라고 읽어요.

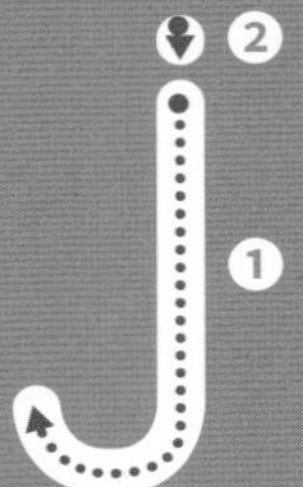

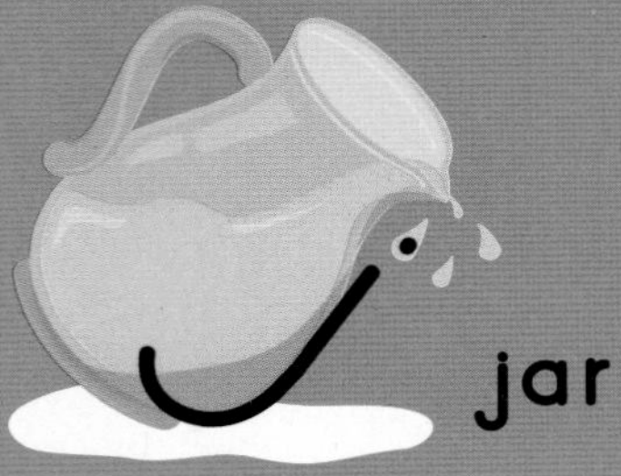

A 점선을 따라 선을 그려보세요.

B 점선을 따라 글자를 완성해보세요.

j j j j j j

C 큰소리로 말하며 글자를 써보세요.

학습날짜 월 일 참 잘했어요!

A 빈칸에 들어갈 글자를 쓰고 읽어보세요.

재킷

acket

쥬스

uice

표범

aguar

B 대문자와 소문자에 지정된 색을 칠하세요

J = j =

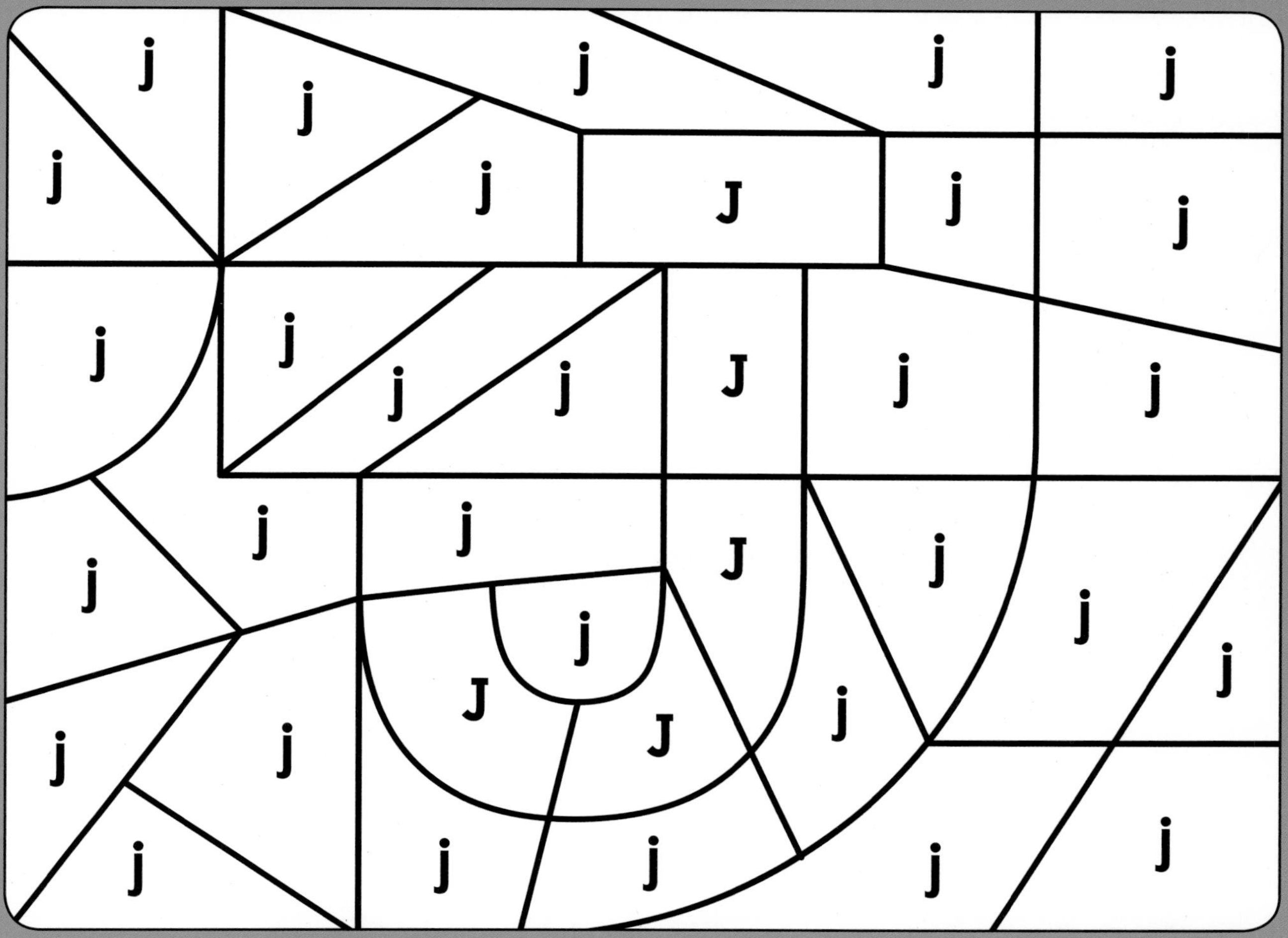

DAY 21

K 대문자 '케이'라고 읽어요.

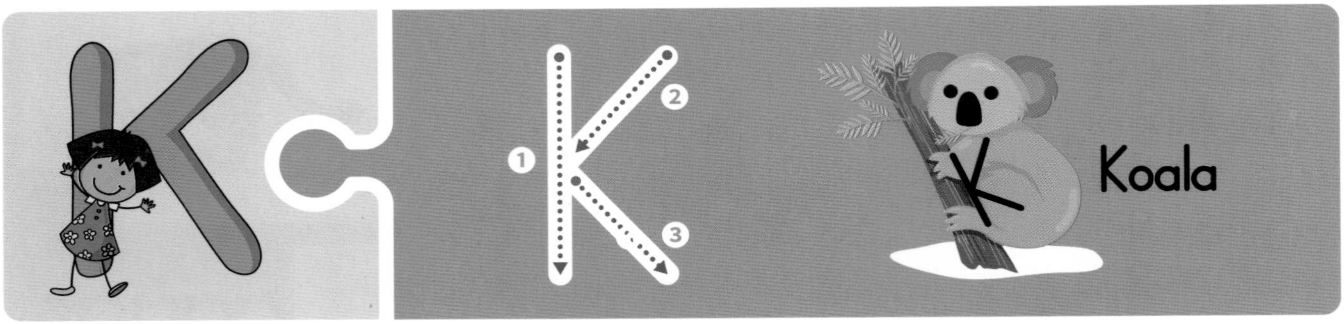

A 점선을 따라 선을 그려보세요.

B 점선을 따라 글자를 완성해보세요.

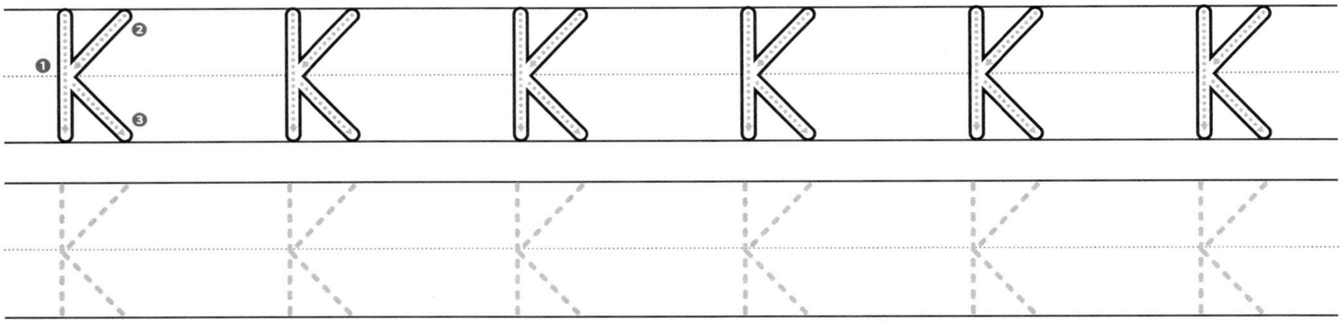

C 큰소리로 말하며 글자를 써보세요.

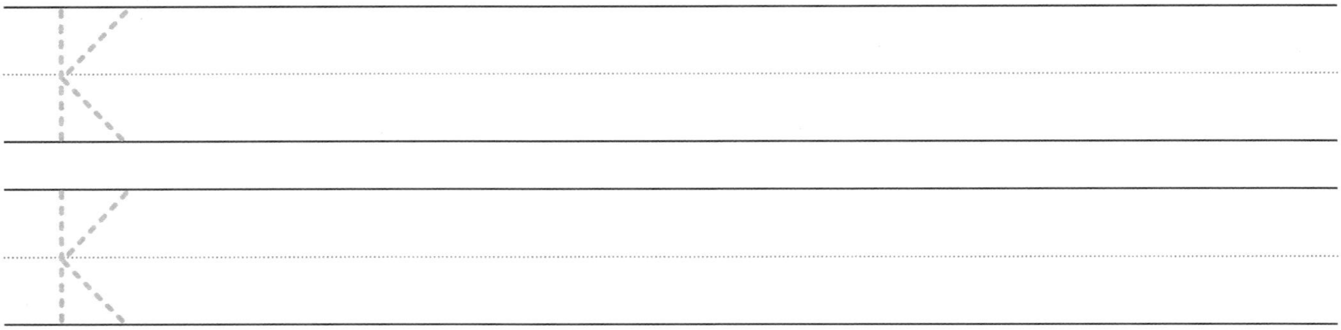

학습날짜 ☆ 월 ☆ 일 참 잘했어요!

대문자 K를 찾아 그 갯수를 써보세요.

대문자 K ( ) 개

K U C N L

K P X K

S Q D H A

A 빈칸에 들어갈 글자를 쓰고 읽어보세요.

캥거루

□angaroo

코알라

□oala

열쇠

□ey

B 대문자 K가 들어간 단어에 동그라미 하세요.

연필

Pencil

칼

Knife

벌

Bee

코끼리

Elephant

DAY 22

k 소문자 '케이'라고 읽어요.

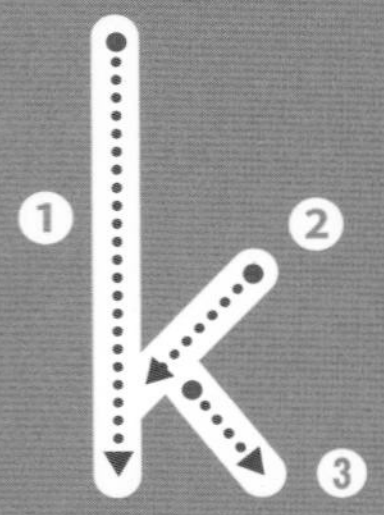

A 점선을 따라 선을 그려보세요.

B 점선을 따라 글자를 완성해보세요.

①k②③ k k k k k

C 큰소리로 말하며 글자를 써보세요.

학습날짜 월 일 참 잘했어요!

A 빈칸에 들어갈 글자를 쓰고 읽어보세요.

칼

☐nife

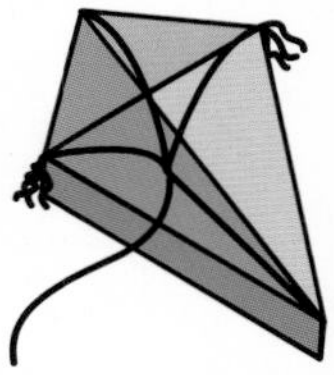

연

☐ite

왕

☐ing

B 대문자와 소문자에 지정된 색을 칠하세요

K = ▬ k = ▬

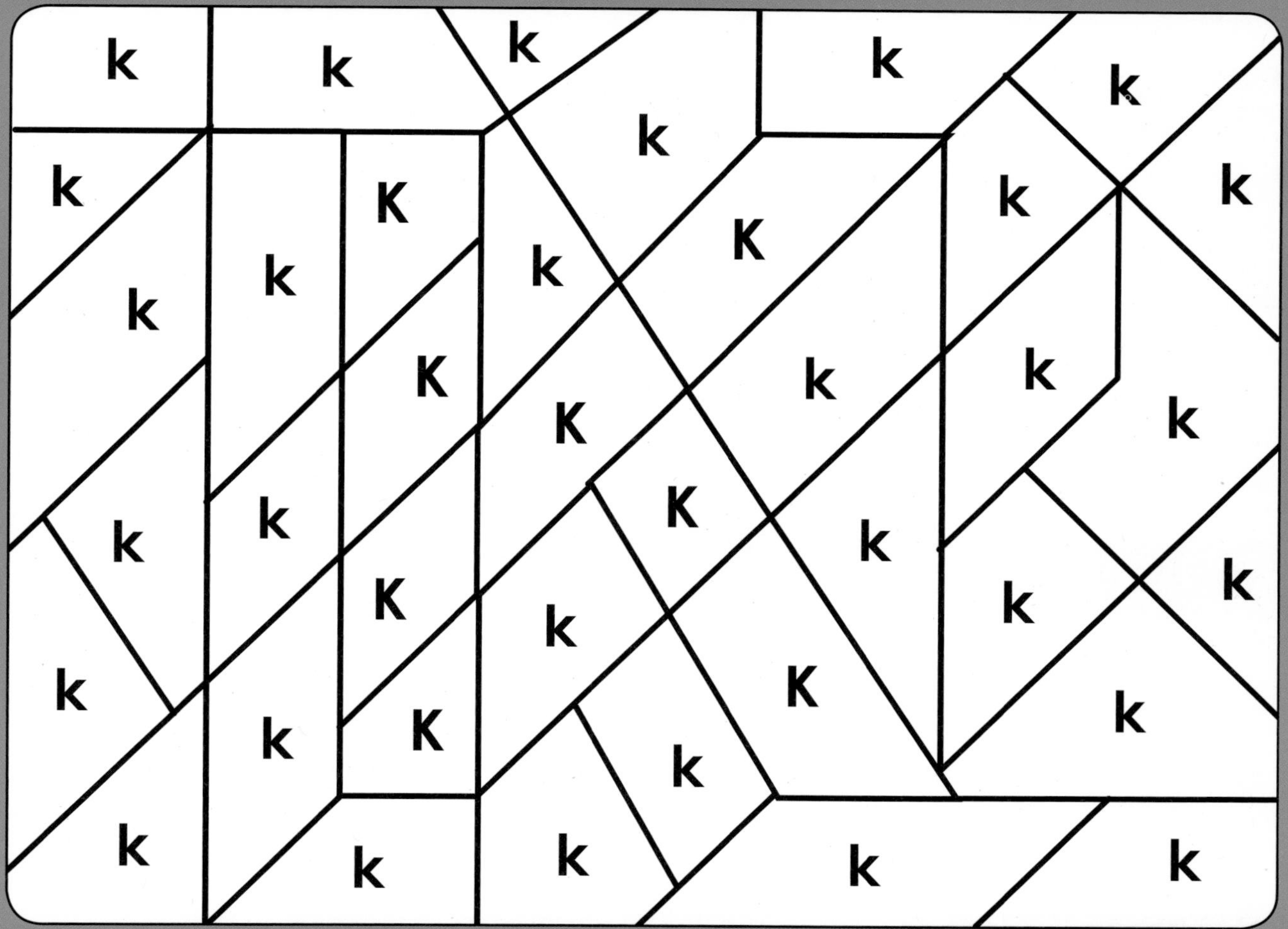

DAY 23

L 대문자 '엘'이라고 읽어요.

A 점선을 따라 선을 그려보세요.

B 점선을 따라 글자를 완성해보세요.

C 큰소리로 말하며 글자를 써보세요.

대문자 L를 찾아 그 갯수를 써보세요.

대문자 L ( ) 개

T L A U B

Z P L L

L L A D O

A 빈칸에 들어갈 글자를 쓰고 읽어보세요.

사자

_ion

편지

_etter

레몬

_emon

B 대문자 L 가 들어간 단어에 동그라미 하세요.

공

Ball

오리

Duck

모자

Hat

무당벌레

Ladybug

DAY 24

l 소문자 '엘'이라고 읽어요.

① l

A 점선을 따라 선을 그려보세요.

B 점선을 따라 글자를 완성해보세요.

① l l l l l l

C 큰소리로 말하며 글자를 써보세요.

학습날짜 월 일 참 잘했어요!

A 빈칸에 들어갈 글자를 쓰고 읽어보세요.

나뭇잎

_eaf

무당벌레

_adybug

호수

_ake

B 대문자와 소문자에 지정된 색을 칠하세요

L = l =

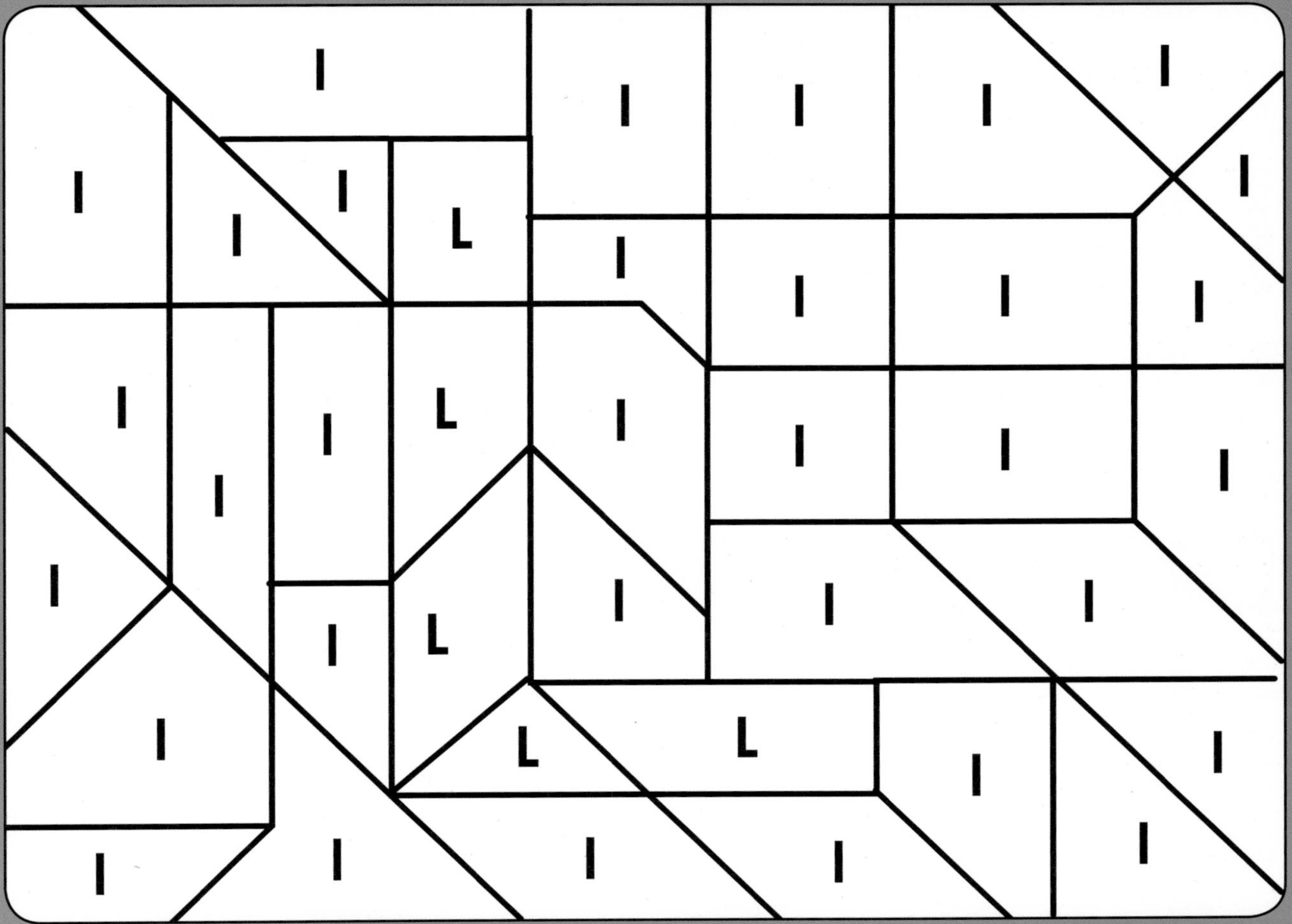

DAY 25

M 대문자 '엠'이라고 읽어요.

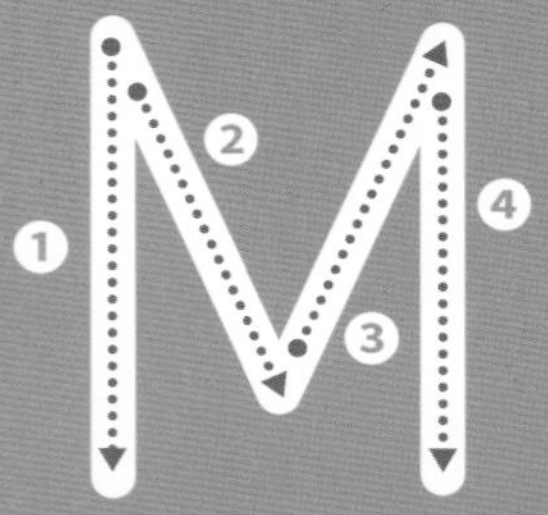

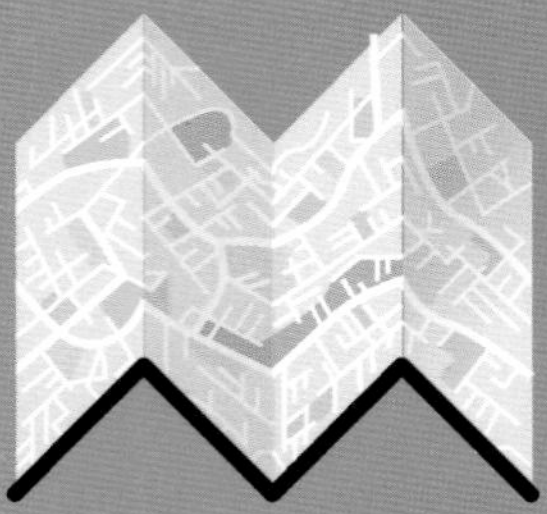

Map

A 점선을 따라 선을 그려보세요.

B 점선을 따라 글자를 완성해보세요.

M M M M M M

C 큰소리로 말하며 글자를 써보세요.

대문자 M를 찾아 그 갯수를 써보세요.

대문자 M ( ) 개

T U T Y M

M M J I

S A M M P

A 빈칸에 들어갈 글자를 쓰고 읽어보세요.

달

□oon

원숭이

□onkey

우유

□ilk

B 대문자 M가 들어간 단어에 동그라미 하세요.

독수리

Eagle

셔츠

Shirt

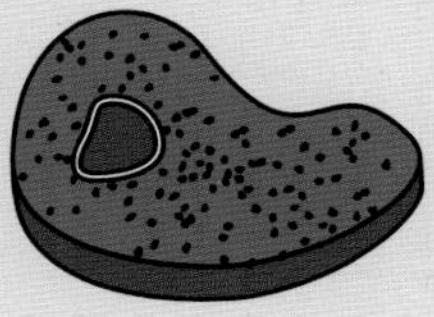

고기

Meat

노란색

Yellow

DAY 26

m 소문자 ‘엠’이라고 읽어요.

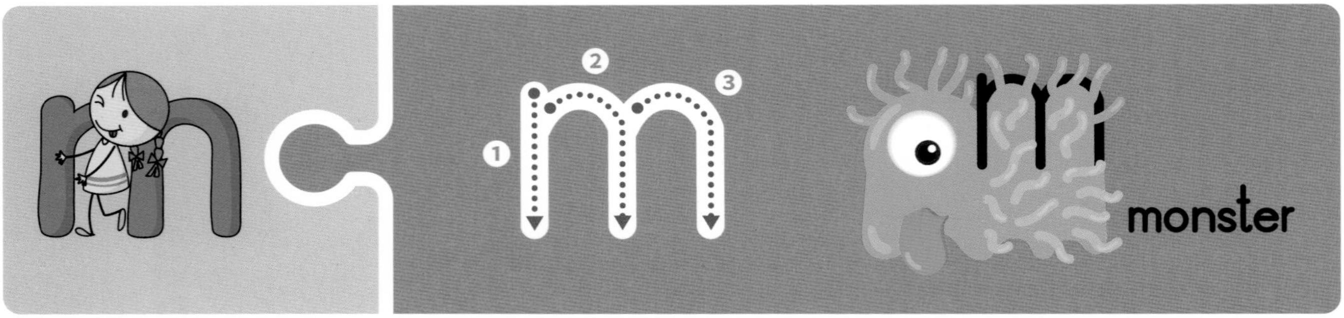

A 점선을 따라 선을 그려보세요.

B 점선을 따라 글자를 완성해보세요.

m m m m m m

C 큰소리로 말하며 글자를 써보세요.

A 빈칸에 들어갈 글자를 쓰고 읽어보세요.

고기

__eat

버섯

__ushroom

쥐

__ouse

B 대문자와 소문자에 지정된 색을 칠하세요

M = m =

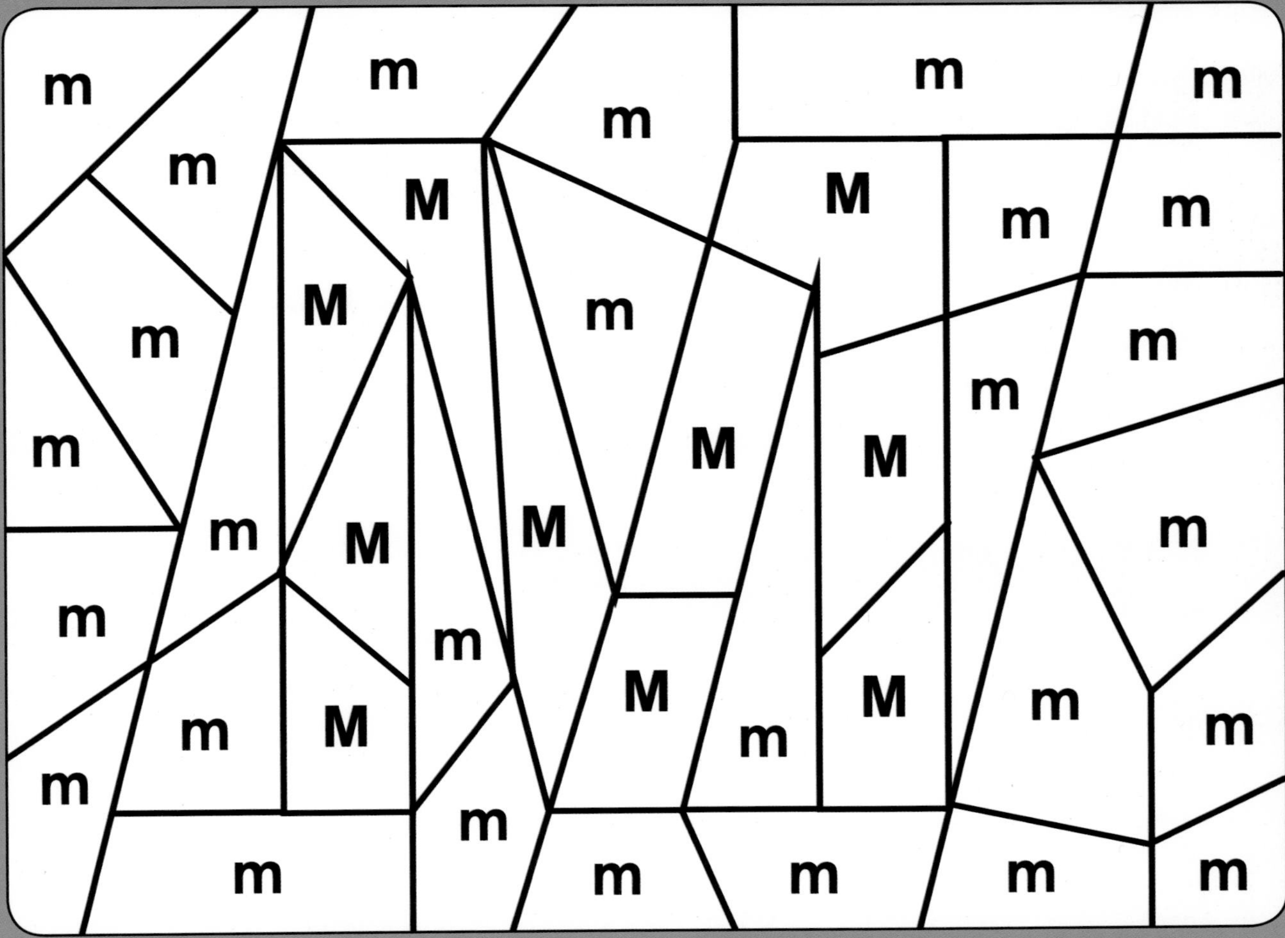

DAY 27

N 대문자 '엔'이라고 읽어요.

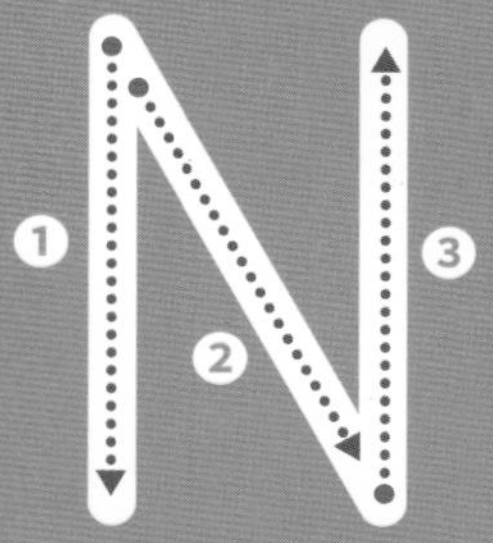

A 점선을 따라 선을 그려보세요.

B 점선을 따라 글자를 완성해보세요.

N N N N N N

C 큰소리로 말하며 글자를 써보세요.

학습날짜 월 일 참 잘했어요!

대문자 N를 찾아 그 갯수를 써보세요.

대문자 N ( ) 개

T U N K Q

D N P N

S X A B N

A 빈칸에 들어갈 글자를 쓰고 읽어보세요.

목걸이

☐ecklace

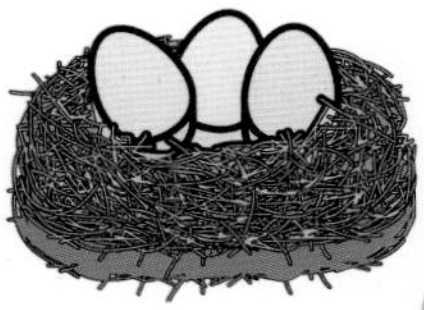
둥지

☐est

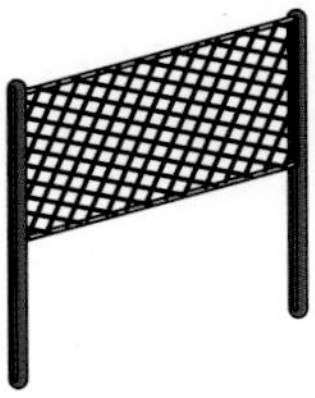
네트

☐et

B 대문자 N가 들어간 단어에 동그라미 하세요.

크리스마스

Xmas

수박

Watermelon

못

Nail

잼

Jam

DAY 28

n 소문자 '엔'이라고 읽어요.

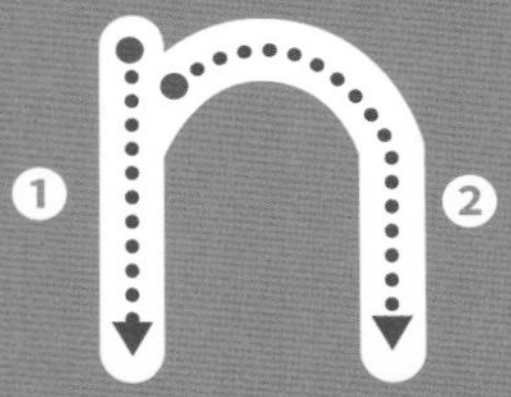

A 점선을 따라 선을 그려보세요.

B 점선을 따라 글자를 완성해보세요.

n n n n n n

C 큰소리로 말하며 글자를 써보세요.

A 빈칸에 들어갈 글자를 쓰고 읽어보세요.

못

_ail

공책

_otebook

신문

_ewspaper

B 대문자와 소문자에 지정된 색을 칠하세요

N = n =

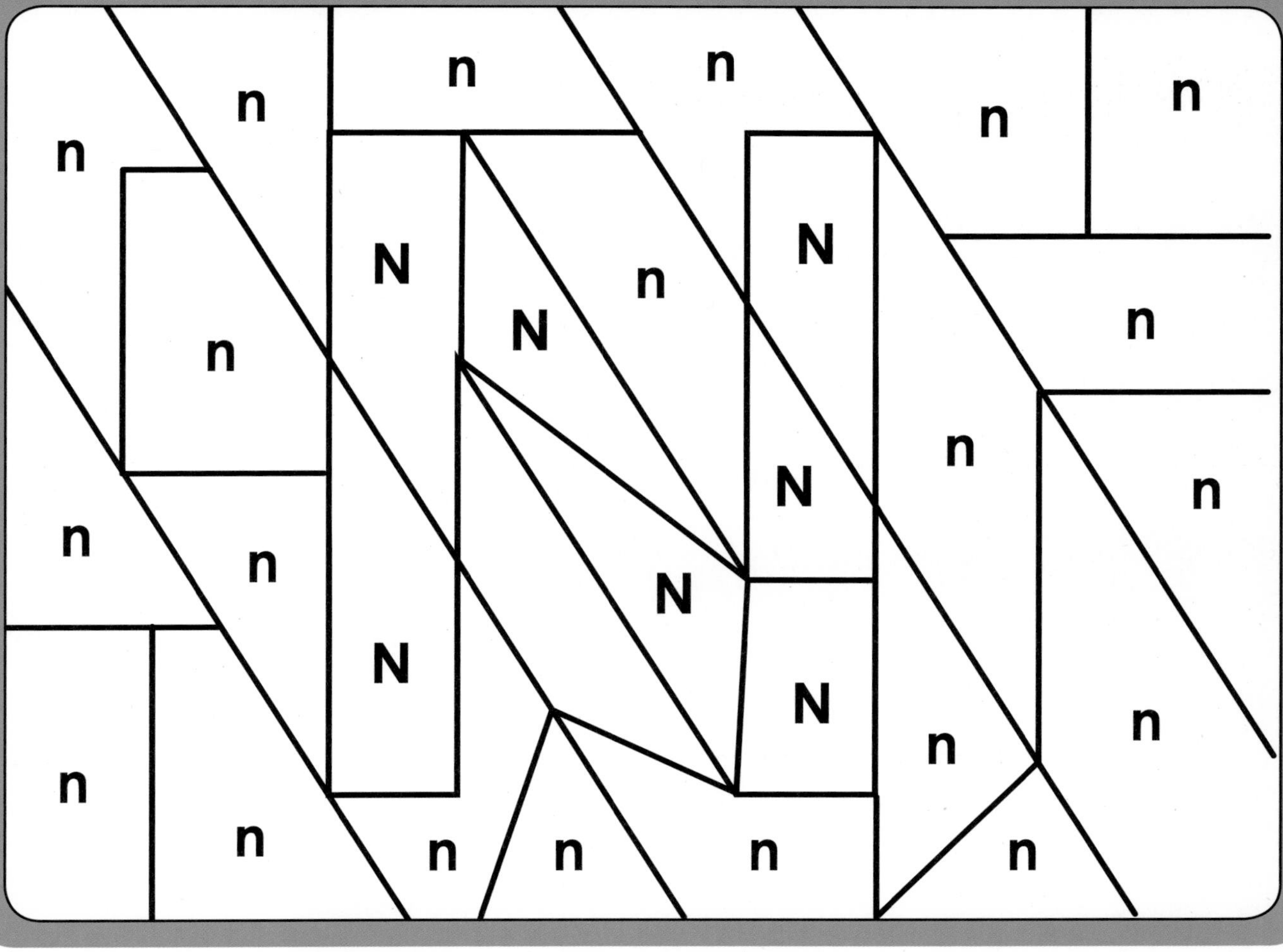

DAY 29

O 대문자 '오우'라고 읽어요.

A 점선을 따라 선을 그려보세요.

B 점선을 따라 글자를 완성해보세요.

C 큰소리로 말하며 글자를 써보세요.

학습날짜 월 일 참 잘했어요!

대문자 O를 찾아 그 갯수를 써보세요.

대문자 O ( ) 개

S O B F E

A H X W

O T C M O

A 빈칸에 들어갈 글자를 쓰고 읽어보세요.

부엉이

wl

문어

ctopus

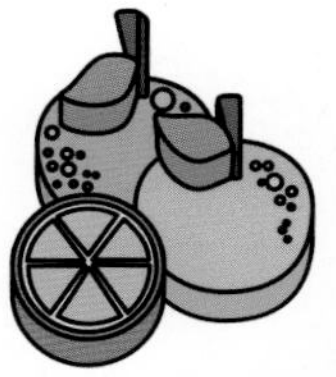

오렌지

range

B 대문자 O가 들어간 단어에 동그라미 하세요.

곰

Bear

개미핥기

Anteater

난초

Orchid

쥐

Mouse

DAY 30

o 소문자 '오우'라고 읽어요.

A 점선을 따라 선을 그려보세요.

B 점선을 따라 글자를 완성해보세요.

C 큰소리로 말하며 글자를 써보세요.

A 빈칸에 들어갈 글자를 쓰고 읽어보세요.

타조

_strich

난초

_rchid

수달

_tter

B 대문자와 소문자에 지정된 색을 칠하세요

O = o =

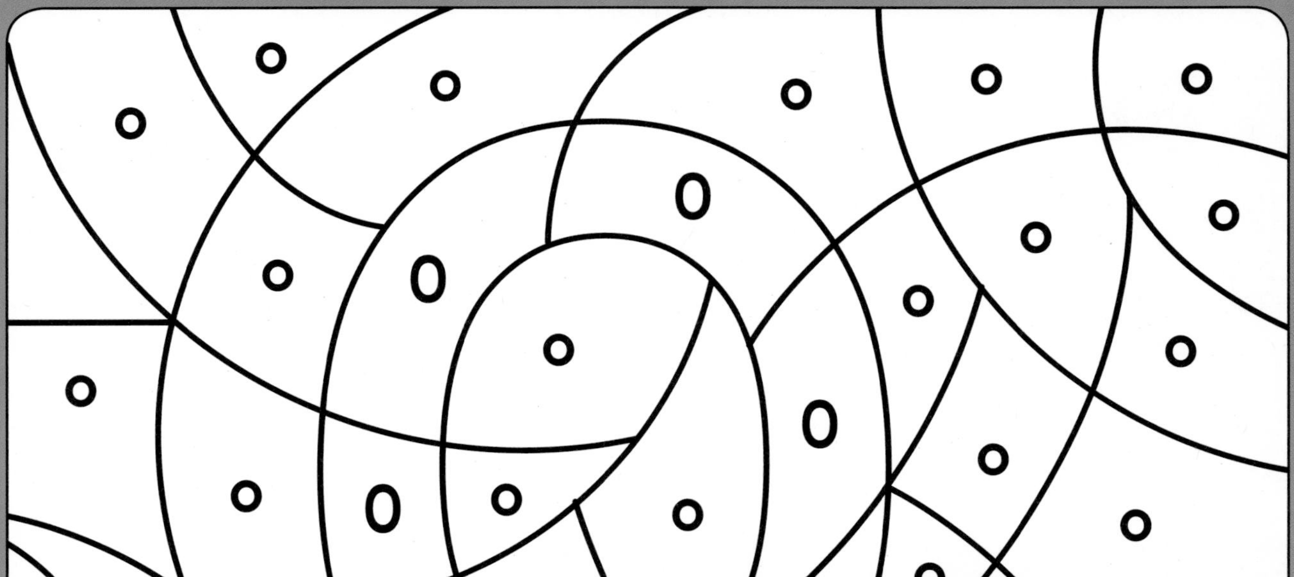

DAY 31 P 대문자 '피-'라고 읽어요.

① P ②

Penguin

A 점선을 따라 선을 그려보세요.

B 점선을 따라 글자를 완성해보세요.

① P ② P P P P P

P P P P P P

C 큰소리로 말하며 글자를 써보세요.

P

P

대문자 P를 찾아 그 갯수를 써보세요.

대문자 P ( ) 개

P U A P P

Y P T R

S Q W P E

A 빈칸에 들어갈 글자를 쓰고 읽어보세요.

(손잡이가 달린 얕은) 냄비

□an

돼지

□ig

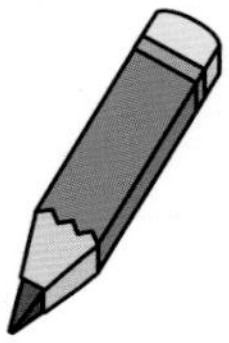

연필

□encil

B 대문자 P가 들어간 단어에 동그라미 하세요.

둥지

Nest

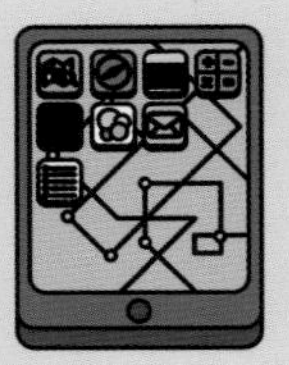

태블릿

Tablet

팽귄

Penguin

독수리

Eagle

DAY 32

p 소문자 '피-'라고 읽어요.

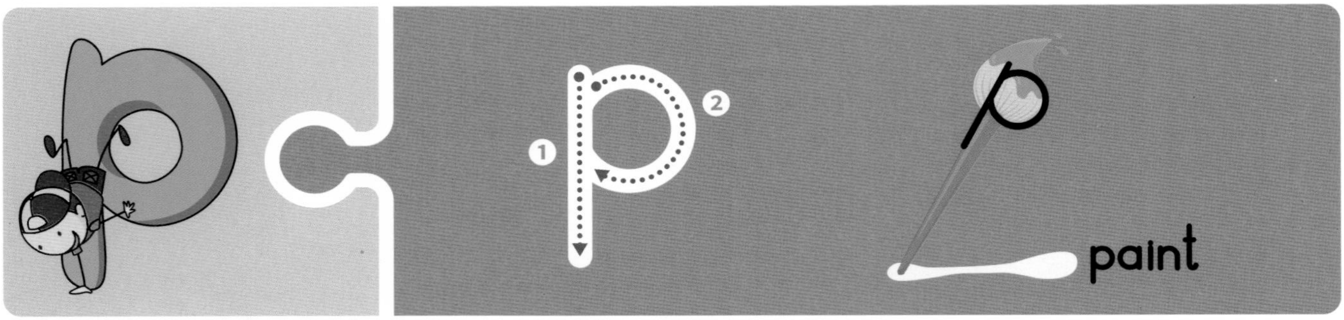

A 점선을 따라 선을 그려보세요.

B 점선을 따라 글자를 완성해보세요.

p p p p p p

C 큰소리로 말하며 글자를 써보세요.

A 빈칸에 들어갈 글자를 쓰고 읽어보세요.

팽귄

_enguin

공작

_eacock

페인트

_aint

B 대문자와 소문자에 지정된 색을 칠하세요

P = p =

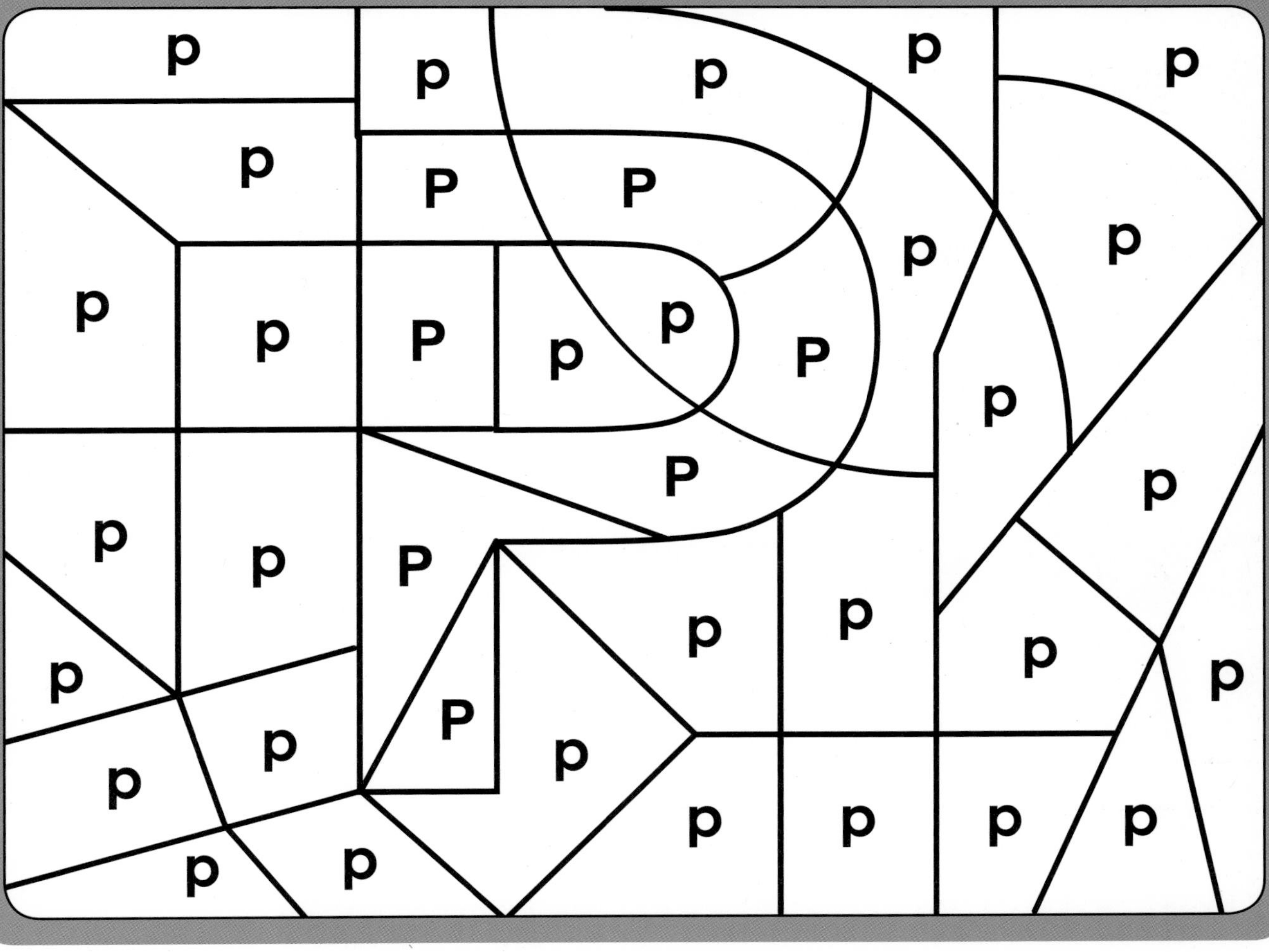

DAY 33

Q 대문자 '큐-'라고 읽어요.

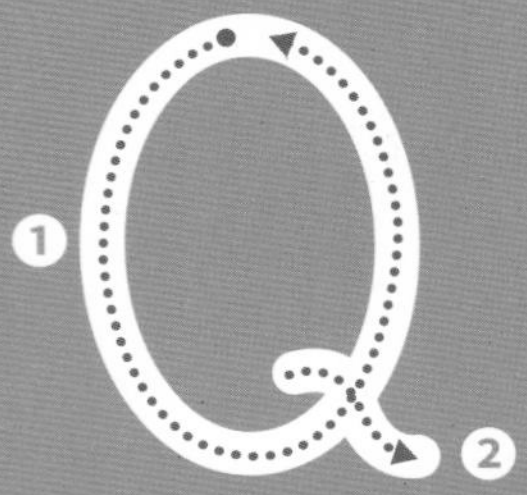

Queen

A 점선을 따라 선을 그려보세요.

B 점선을 따라 글자를 완성해보세요.

C 큰소리로 말하며 글자를 써보세요.

학습날짜 월 일 참 잘했어요!

대문자 Q를 찾아 그 갯수를 써보세요.

대문자 Q ( ) 개

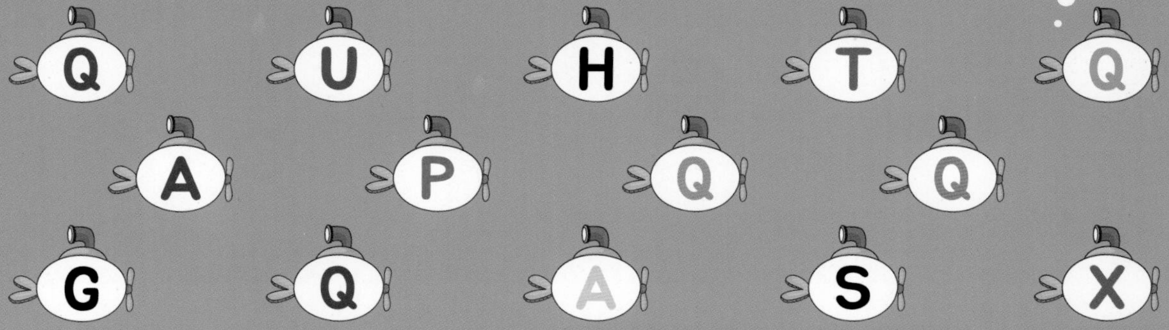

A 빈칸에 들어갈 글자를 쓰고 읽어보세요.

질문

□uestion

여왕

□ueen

메추라기

□uail

B 대문자 Q가 들어간 단어에 동그라미 하세요.

바이올린

Violin

퀼트

Quilt

이글루

Igloo

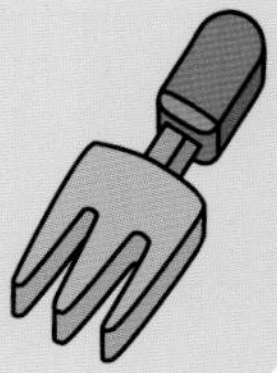

포크

Fork

DAY 34

q 소문자 '큐-'라고 읽어요.

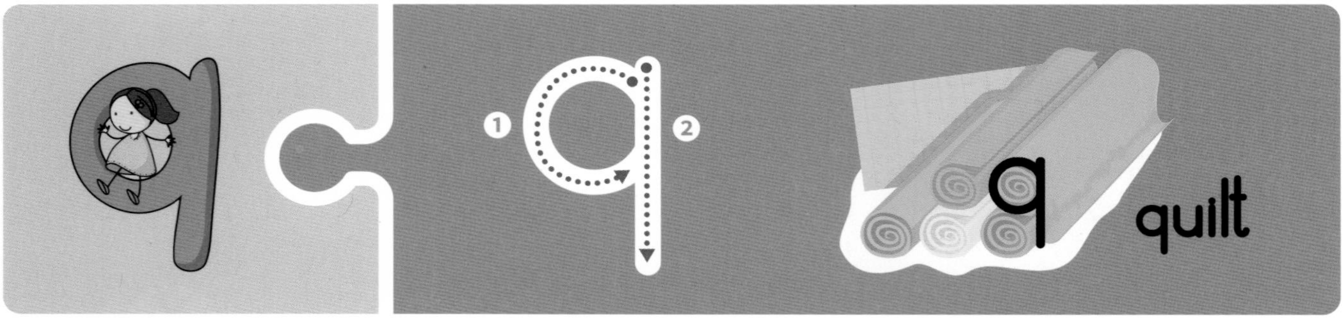

A 점선을 따라 선을 그려보세요.

B 점선을 따라 글자를 완성해보세요.

C 큰소리로 말하며 글자를 써보세요.

A 빈칸에 들어갈 글자를 쓰고 읽어보세요.

퀼트

_uilt

(새 날개·꼬리의 커다란) 깃

_uill

퀴즈

_uiz

B 대문자와 소문자에 지정된 색을 칠하세요

Q = (진한 색) q = (연한 색)

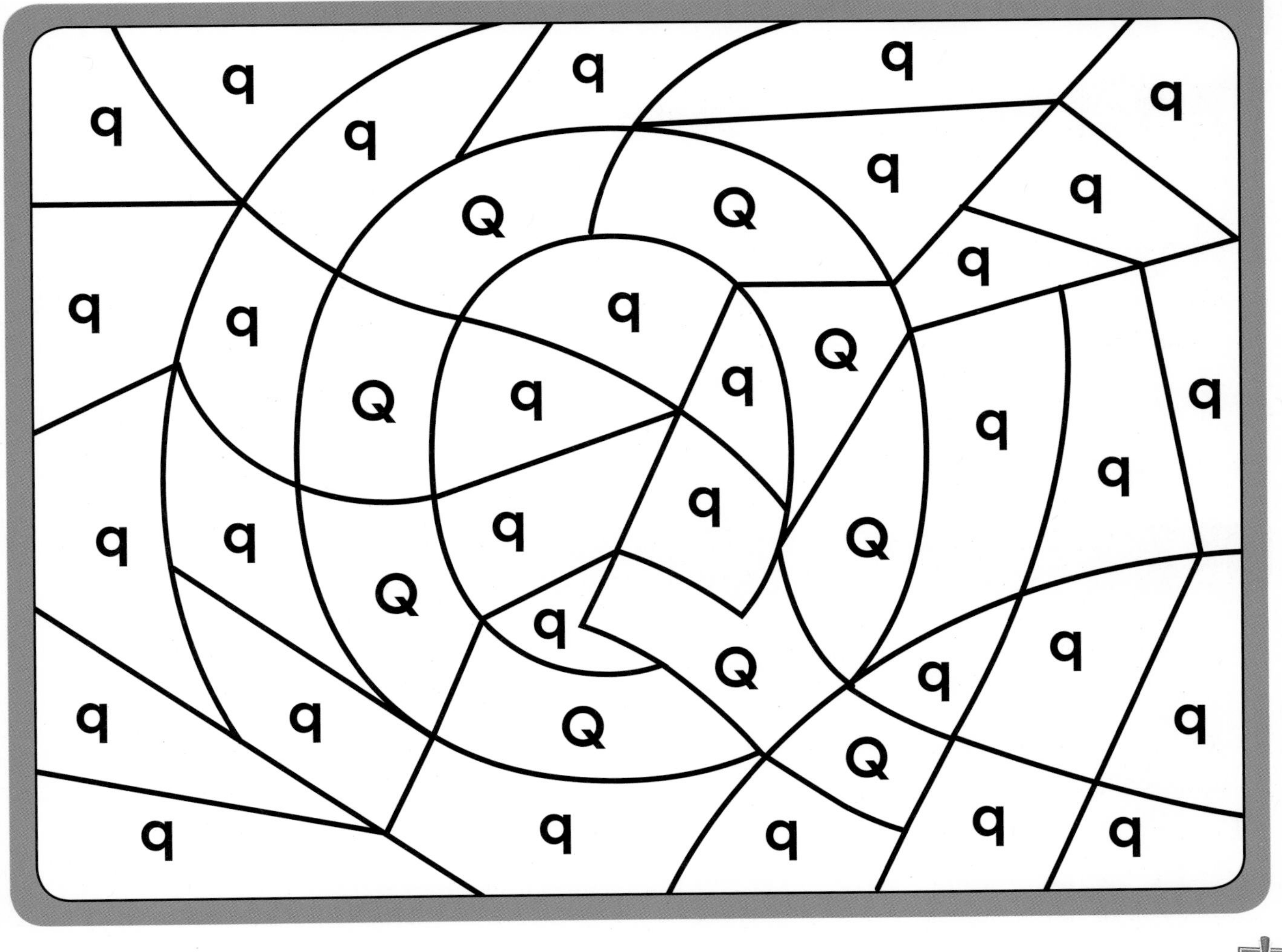

DAY 35

R 대문자 '아-ㄹ'이라고 읽어요.

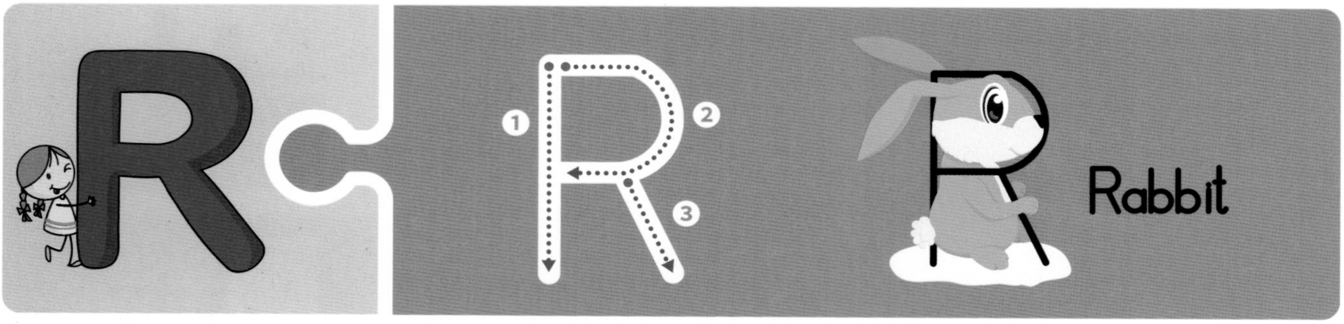

A 점선을 따라 선을 그려보세요.

B 점선을 따라 글자를 완성해보세요.

R R R R R R

C 큰소리로 말하며 글자를 써보세요.

대문자 R를 찾아 그 갯수를 써보세요.

대문자 R ( ) 개

R U A Y R

H R R K

S W G T L

A 빈칸에 들어갈 글자를 쓰고 읽어보세요.

토끼

☐abbit

로봇

☐obot

무지개

☐ainbow

B 대문자 R가 들어간 단어에 동그라미 하세요.

목걸이

Necklace

편지

Letter

사과

Apple

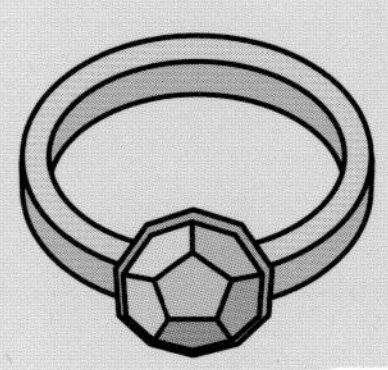

반지

Ring

DAY 36

r 소문자 '아-ㄹ'이라고 읽어요.

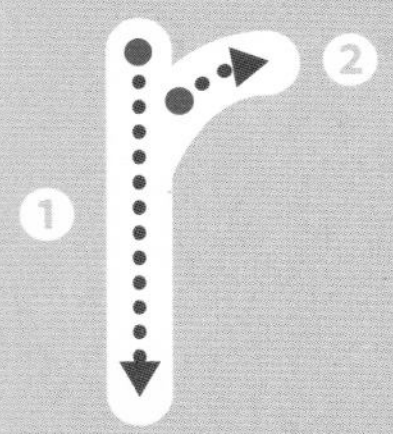

rose

A 점선을 따라 선을 그려보세요.

B 점선을 따라 글자를 완성해보세요.

C 큰소리로 말하며 글자를 써보세요.

A 빈칸에 들어갈 글자를 쓰고 읽어보세요.

반지

___ ing

흔들 목마

___ ocking horse

코뿔소

___ hino

B 대문자와 소문자에 지정된 색을 칠하세요

R = r =

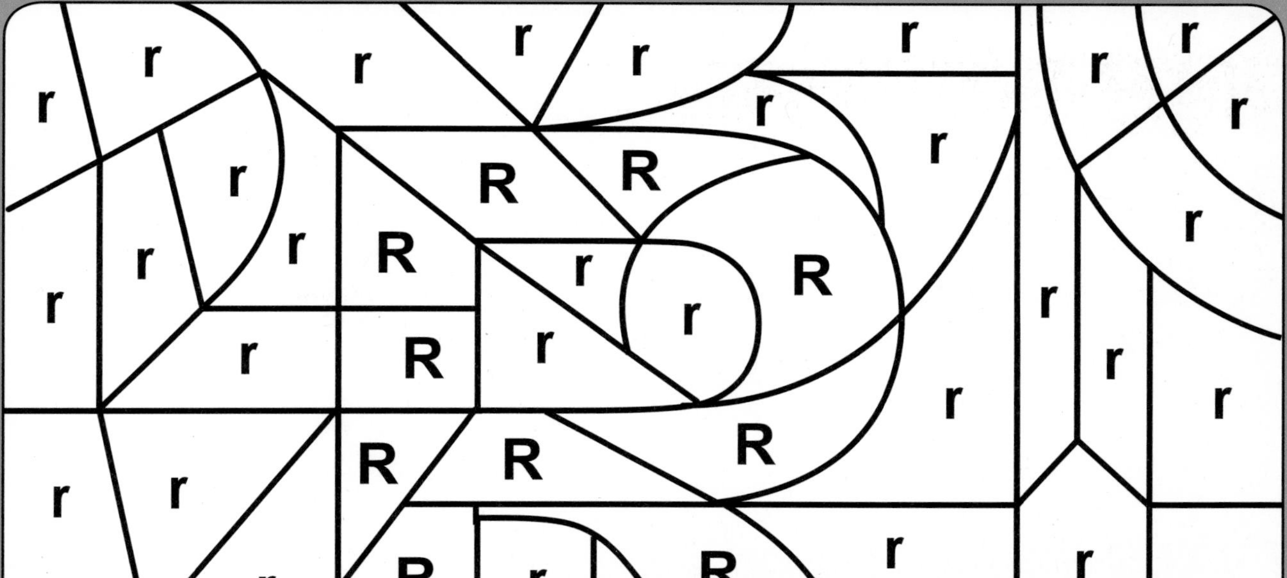

DAY 37

S 대문자 '에스'라고 읽어요.

A 점선을 따라 선을 그려보세요.

B 점선을 따라 글자를 완성해보세요.

C 큰소리로 말하며 글자를 써보세요.

대문자 S를 찾아 그 갯수를 써보세요.

대문자 S (   ) 개

T U Q S M

A P X S

S S D F N

A 빈칸에 들어갈 글자를 쓰고 읽어보세요.

딸기

[ ]trawberry

셔츠

[ ]hirt

미끄럼틀

[ ]lide

B 대문자 S가 들어간 단어에 동그라미 하세요.

거북이

Turtle

달팽이

Snail

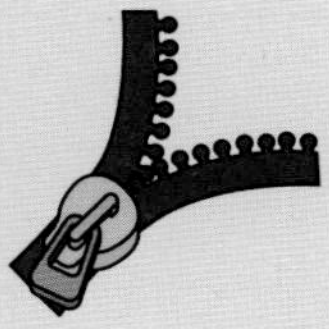

지퍼

Zipper

깃펜

Quill

DAY 38

s 소문자 '에스'라고 읽어요.

A 점선을 따라 선을 그려보세요.

B 점선을 따라 글자를 완성해보세요.

s s s s s s

C 큰소리로 말하며 글자를 써보세요.

학습날짜 월 일 참 잘했어요!

A 빈칸에 들어갈 글자를 쓰고 읽어보세요.

태양

_un

달팽이

_nail

뱀

_nake

B 대문자와 소문자에 지정된 색을 칠하세요

S = s =

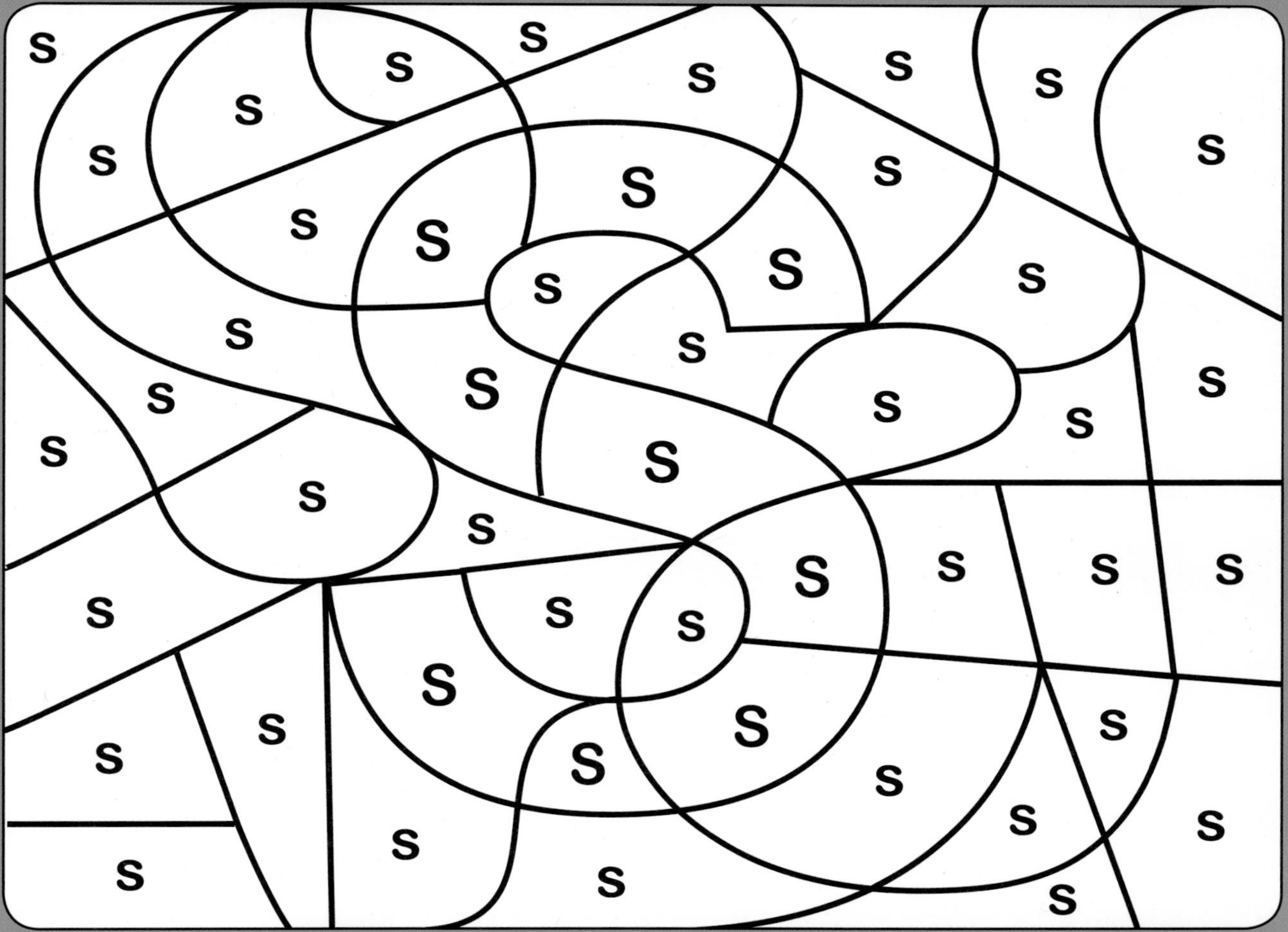

DAY 39

T 대문자 '티-'라고 읽어요.

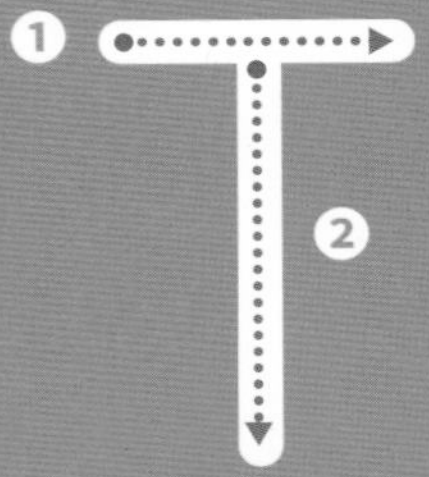

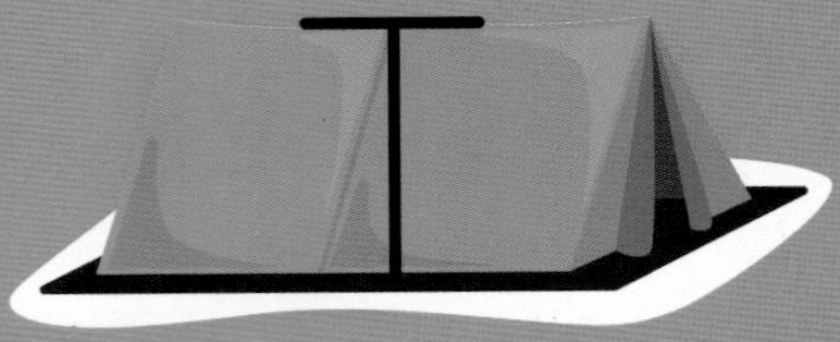

Tent

A 점선을 따라 선을 그려보세요.

B 점선을 따라 글자를 완성해보세요.

C 큰소리로 말하며 글자를 써보세요.

대문자 T를 찾아 그 갯수를 써보세요.

대문자 T ( ) 개

T U Y T T

A P X L

S Z H T A

A 빈칸에 들어갈 글자를 쓰고 읽어보세요.

호랑이

□iger

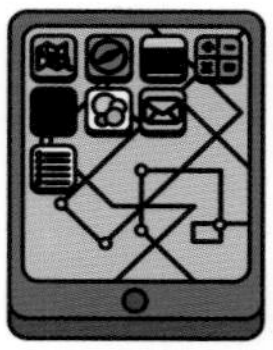

태블릿

□ablet

거북

□urtle

B 대문자 T가 들어간 단어에 동그라미 하세요.

테니스

Tennis

지구

Earth

(사탕같이 생긴) 껌

Gumball

돌고래

Dolphin

DAY 40

t 소문자 'El-'라고 읽어요.

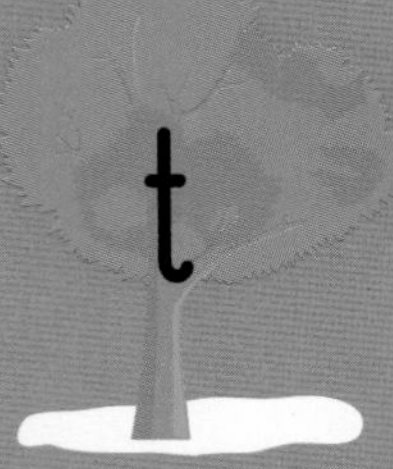

tree

A 점선을 따라 선을 그려보세요.

B 점선을 따라 글자를 완성해보세요.

C 큰소리로 말하며 글자를 써보세요.

A 빈칸에 들어갈 글자를 쓰고 읽어보세요.

테니스

☐ennis

나무

☐ree

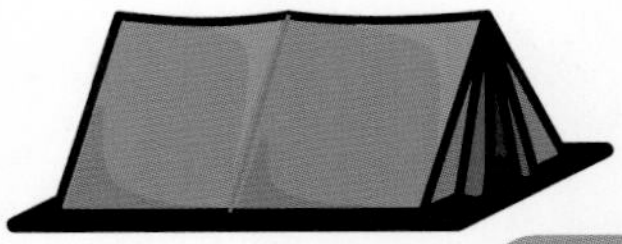

텐트

☐ent

B 대문자와 소문자에 지정된 색을 칠하세요

T = t =

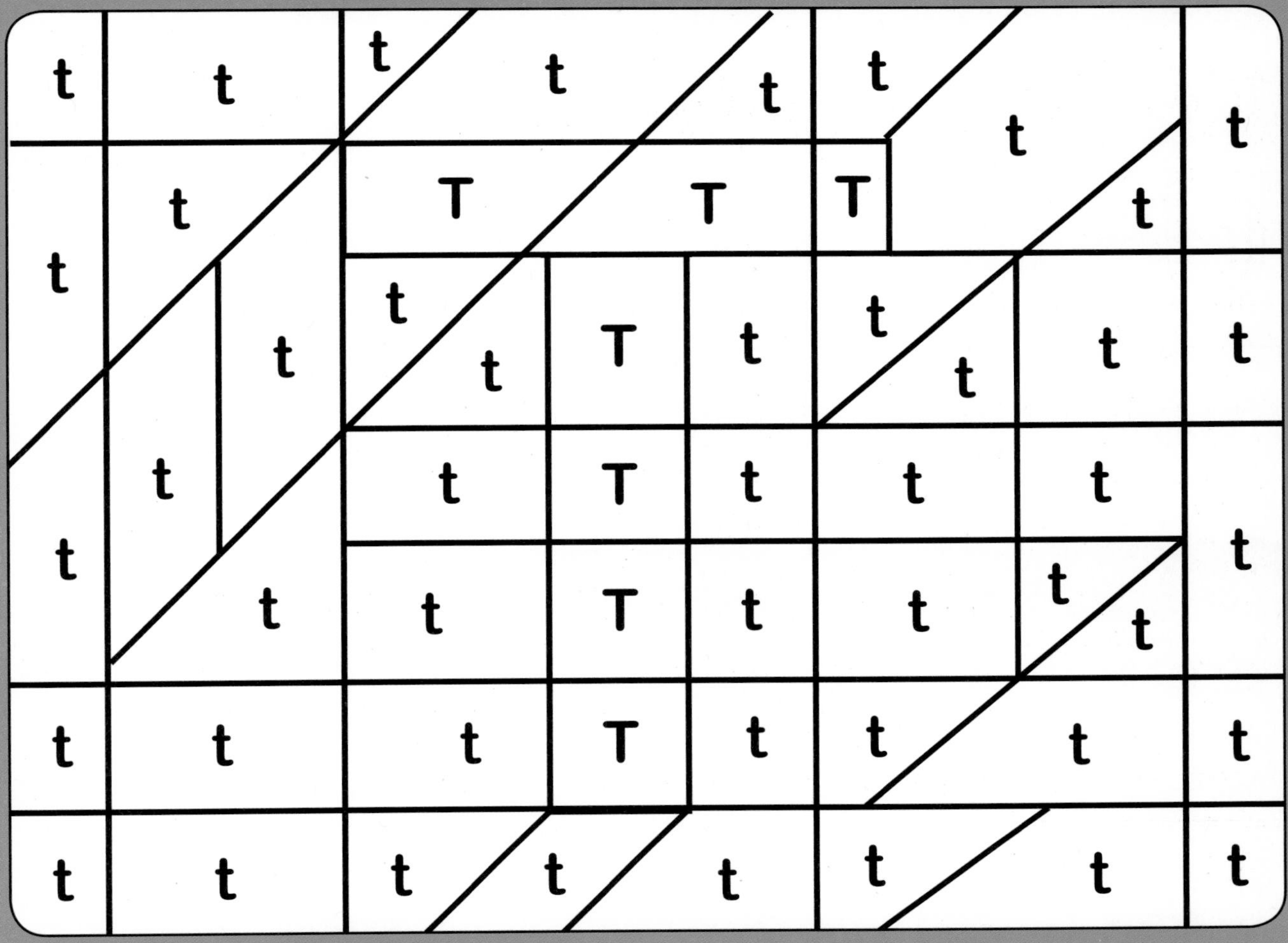

DAY 41

U 대문자 '유-'라고 읽어요.

Unlock

A 점선을 따라 선을 그려보세요.

B 점선을 따라 글자를 완성해보세요.

C 큰소리로 말하며 글자를 써보세요.

학습날짜 ☆ 월 ☆ 일 참 잘했어요!

대문자 U를 찾아 그 갯수를 써보세요.

대문자 U ◯ 개

T U Q B H

U P X U

S U S J O

A 빈칸에 들어갈 글자를 쓰고 읽어보세요.

우산

□mbrella

(열쇠로) 열다

□nlock

유니콘

□nicorn

B 대문자 U가 들어간 단어에 동그라미 하세요.

유에프오

UFO

승합차

Van

고래

Whale

당근

Carrot

DAY 42

u 소문자 '유-'라고 읽어요.

① u ②

umbrella

A 점선을 따라 선을 그려보세요.

B 점선을 따라 글자를 완성해보세요.

① u ② u u u u u

u u u u u u

C 큰소리로 말하며 글자를 써보세요.

u

u

A 빈칸에 들어갈 글자를 쓰고 읽어보세요.

속옷

_nderwear

유에프오

_FO

우리말

_rial

B 대문자와 소문자에 지정된 색을 칠하세요

U = u =

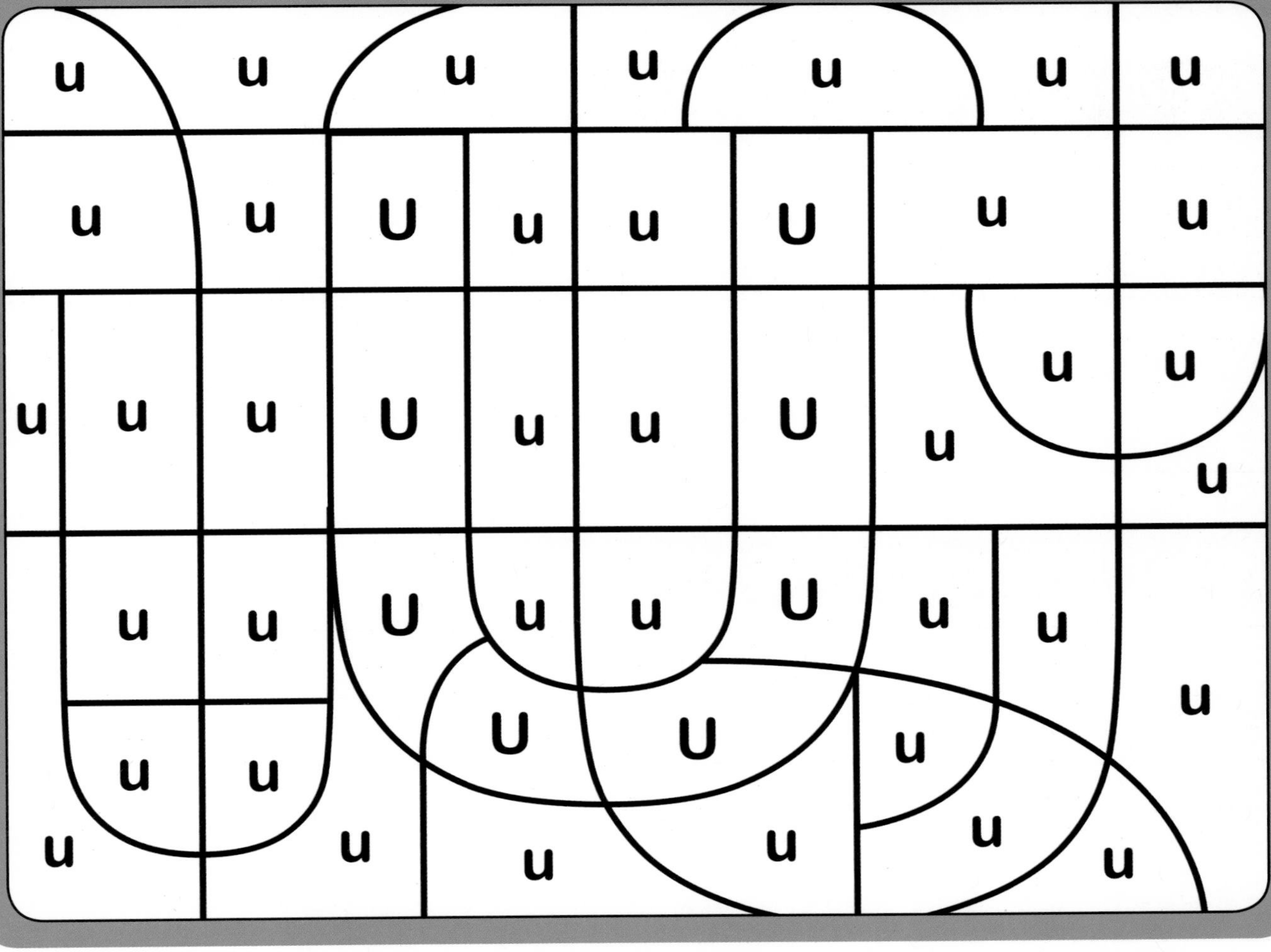

DAY 43

V 대문자 '븨-'라고 읽어요.

A 점선을 따라 선을 그려보세요.

B 점선을 따라 글자를 완성해보세요.

V V V V V V

C 큰소리로 말하며 글자를 써보세요.

대문자 V를 찾아 그 갯수를 써보세요.

대문자 V ( ) 개

T U C V W

A V X V

S B A V E

A 빈칸에 들어갈 글자를 쓰고 읽어보세요.

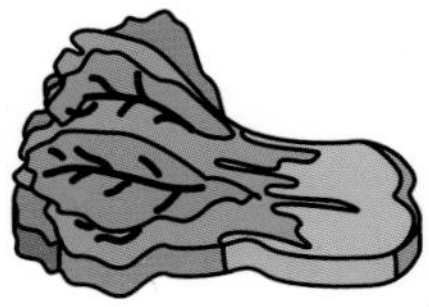
채소
□egetable

승합차
□an

바이올린
□iolin

B 대문자 V가 들어간 단어에 동그라미 하세요.

화산
Volcano

(열쇠로) 열다
Unlock

물고기
Fish

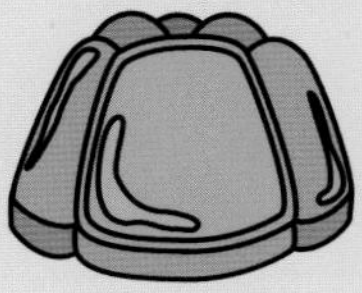
젤리
Jelly

DAY 44

v 소문자 '븨-'라고 읽어요.

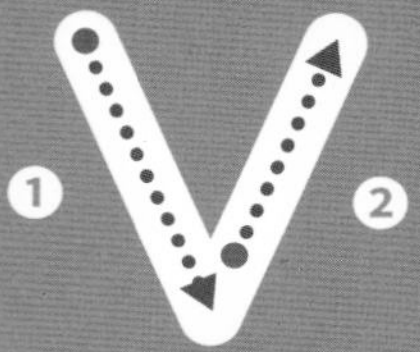

A 점선을 따라 선을 그려보세요.

B 점선을 따라 글자를 완성해보세요.

C 큰소리로 말하며 글자를 써보세요.

A 빈칸에 들어갈 글자를 쓰고 읽어보세요.

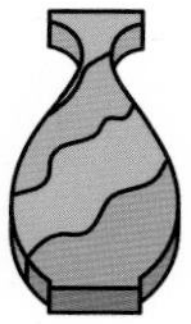
꽃병

___ase

화산

___olcano

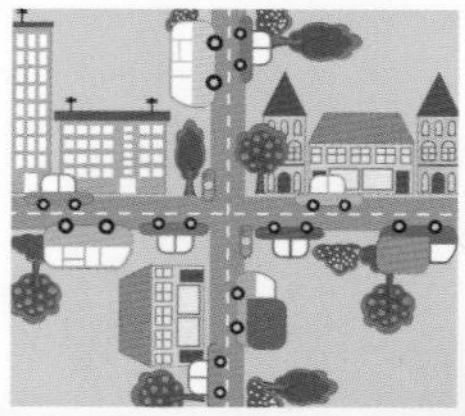
마을

___illage

B 대문자와 소문자에 지정된 색을 칠하세요

V = v =

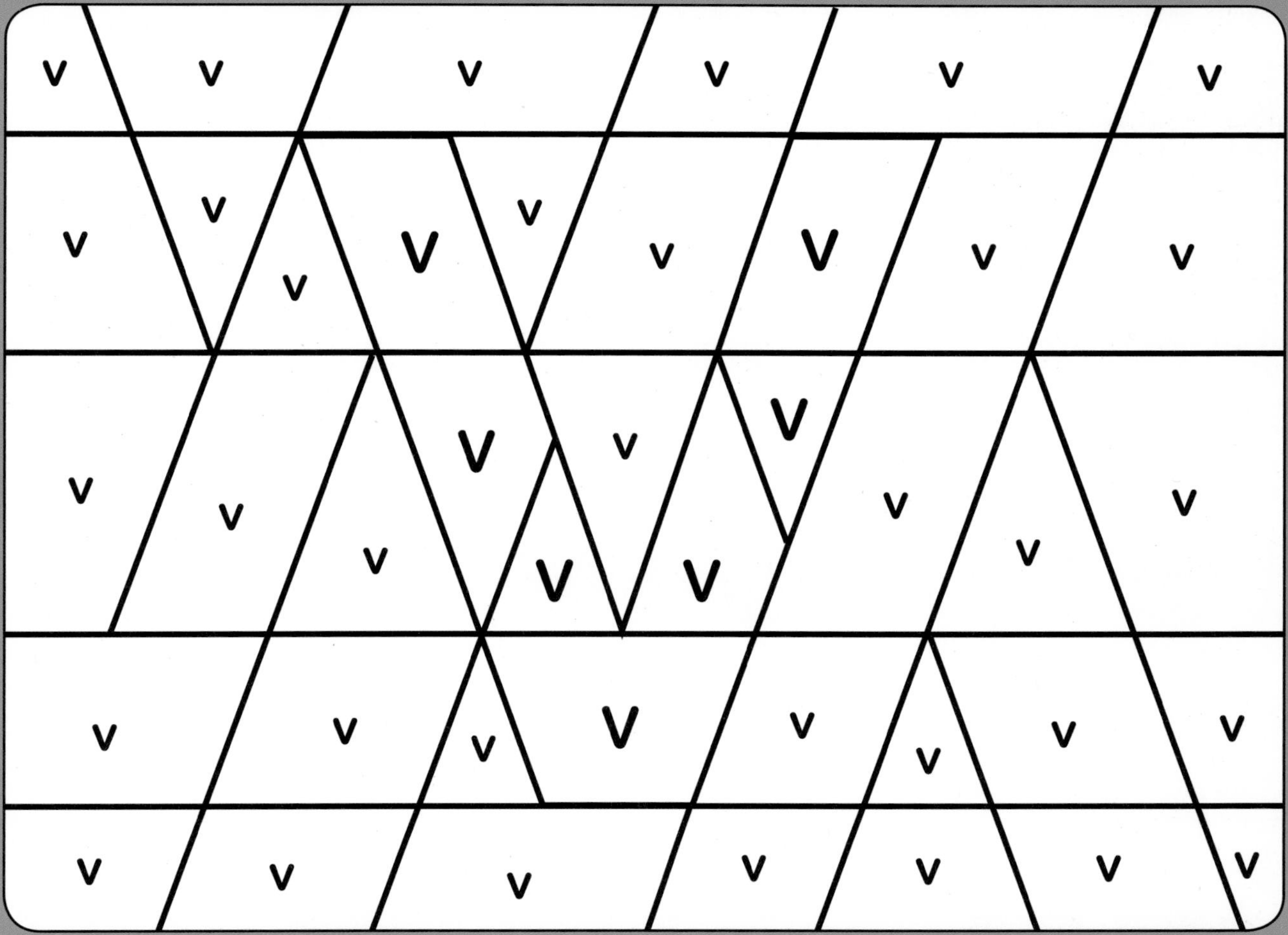

DAY 45

W 대문자 '더블유-'라고 읽어요.

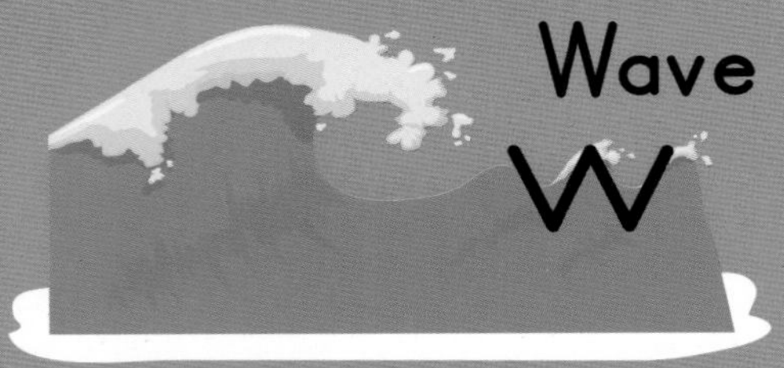

A 점선을 따라 선을 그려보세요.

B 점선을 따라 글자를 완성해보세요.

W W W W W W

C 큰소리로 말하며 글자를 써보세요.

대문자 W를 찾아 그 갯수를 써보세요.

대문자 W ( ) 개

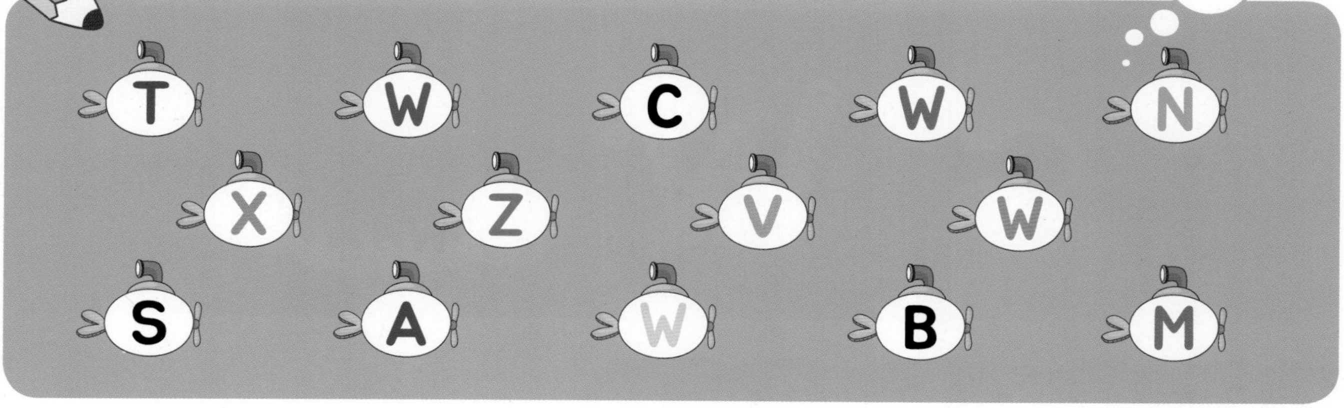

A 빈칸에 들어갈 글자를 쓰고 읽어보세요.

고래
☐hale

수박
☐atermelon

수레
☐agon

B 대문자 W가 들어간 단어에 동그라미 하세요.

로봇
Robot

애벌레
Worm

코끼리
Elephant

포도
Grapes

DAY 46

w 소문자 '더블유-'라고 읽어요.

A 점선을 따라 선을 그려보세요.

B 점선을 따라 글자를 완성해보세요.

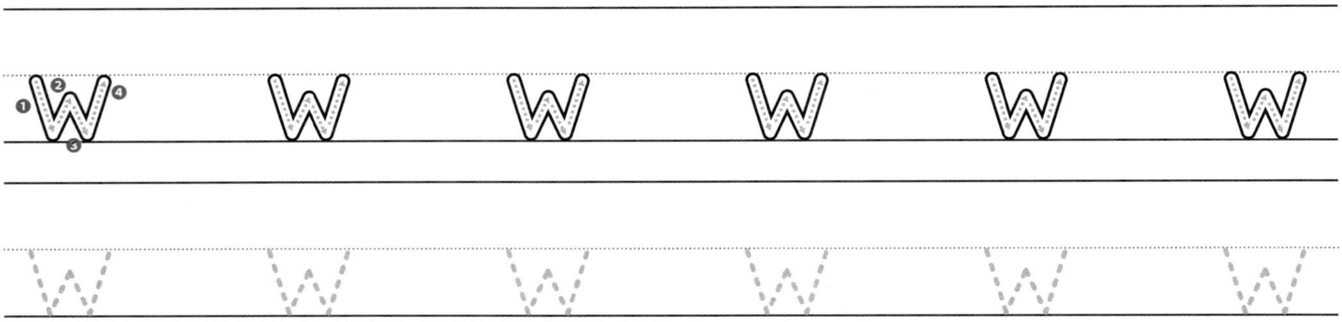

C 큰소리로 말하며 글자를 써보세요.

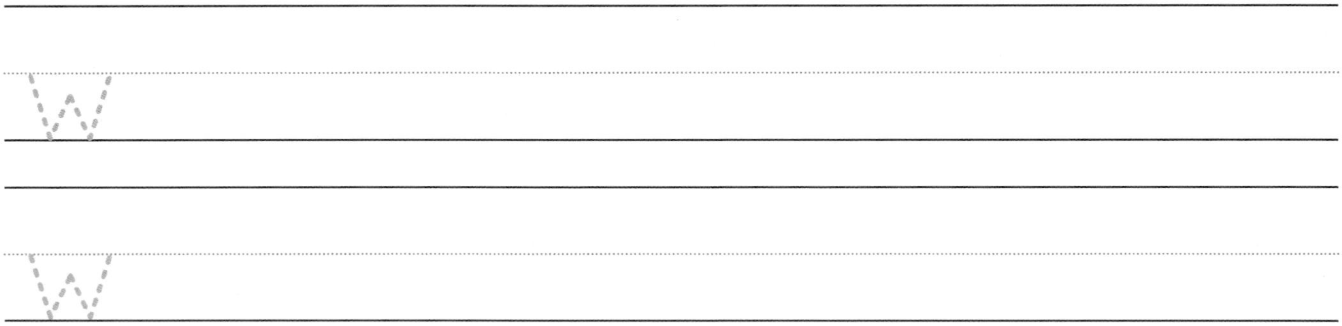

A 빈칸에 들어갈 글자를 쓰고 읽어보세요.

애벌레

□orm

(수탉 모양의) 풍향계

□eathercock

늑대

□olf

B 대문자와 소문자에 지정된 색을 칠하세요

W = w =

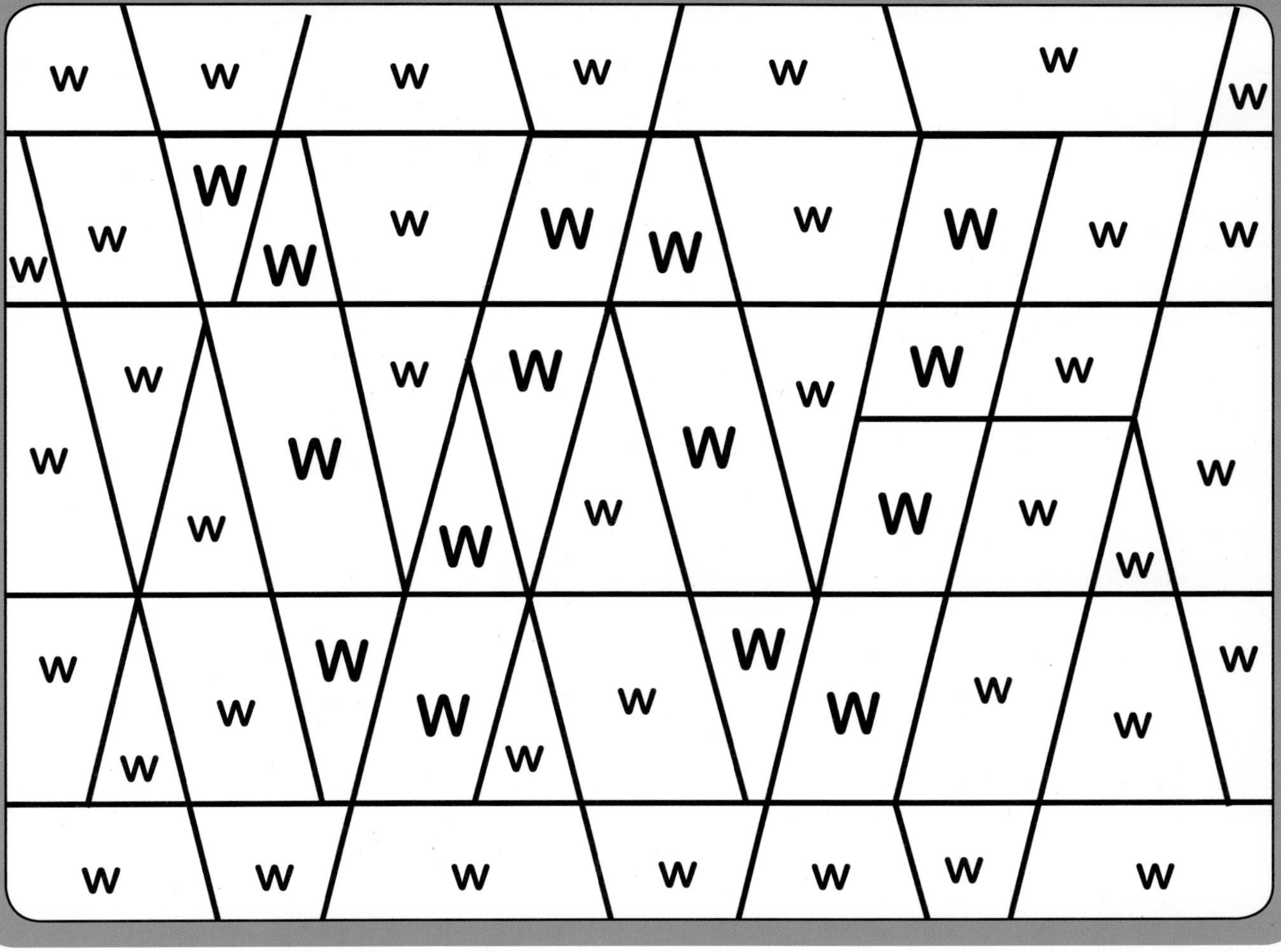

DAY 47

X 대문자 '엑스'라고 읽어요.

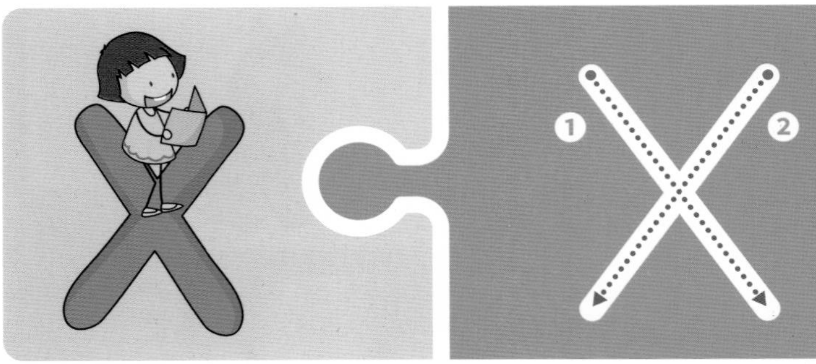

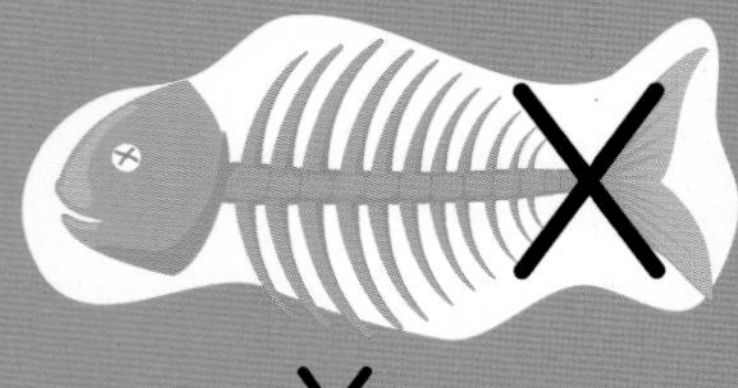

A 점선을 따라 선을 그려보세요.

B 점선을 따라 글자를 완성해보세요.

C 큰소리로 말하며 글자를 써보세요.

대문자 X를 찾아 그 갯수를 써보세요.

대문자 X ◯ 개

X U X J H

A X X K

S X V L G

A 빈칸에 들어갈 글자를 쓰고 읽어보세요.

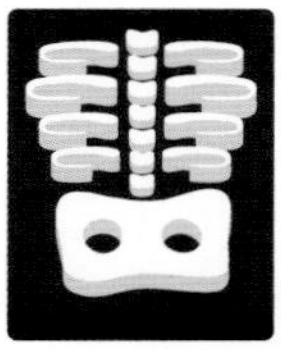

엑스레이

□-ray

크리스마스

□mas

횡단보도

□ing

B 대문자 X가 들어간 단어에 동그라미 하세요.

메추라기

Quail

사자

Lion

익스트림 스포츠

X-game

요가

Yoga

DAY 48

x 소문자 '엑스'라고 읽어요.

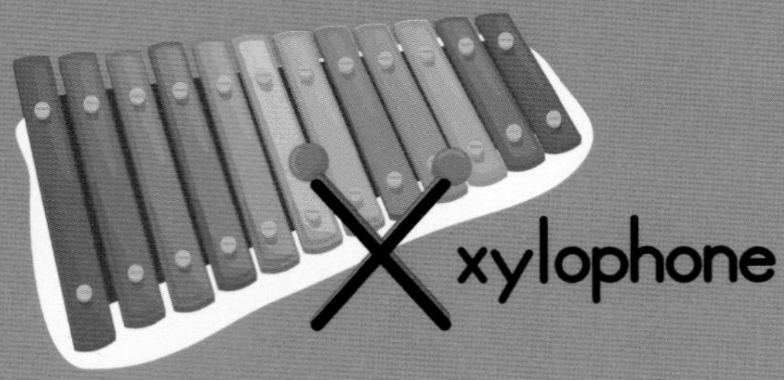

A 점선을 따라 선을 그려보세요.

B 점선을 따라 글자를 완성해보세요.

C 큰소리로 말하며 글자를 써보세요.

A 빈칸에 들어갈 글자를 쓰고 읽어보세요.

□iphias

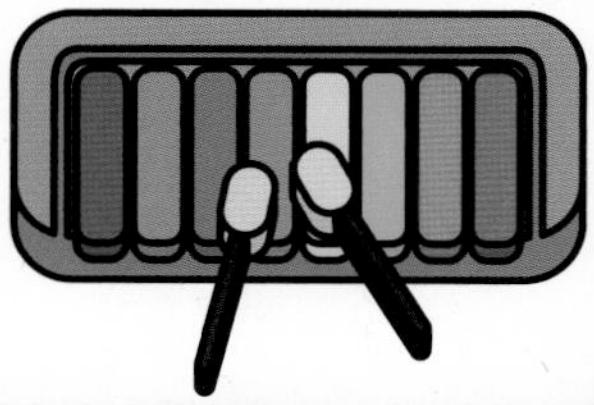

□ylophone

B 대문자와 소문자에 지정된 색을 칠하세요

X = x =

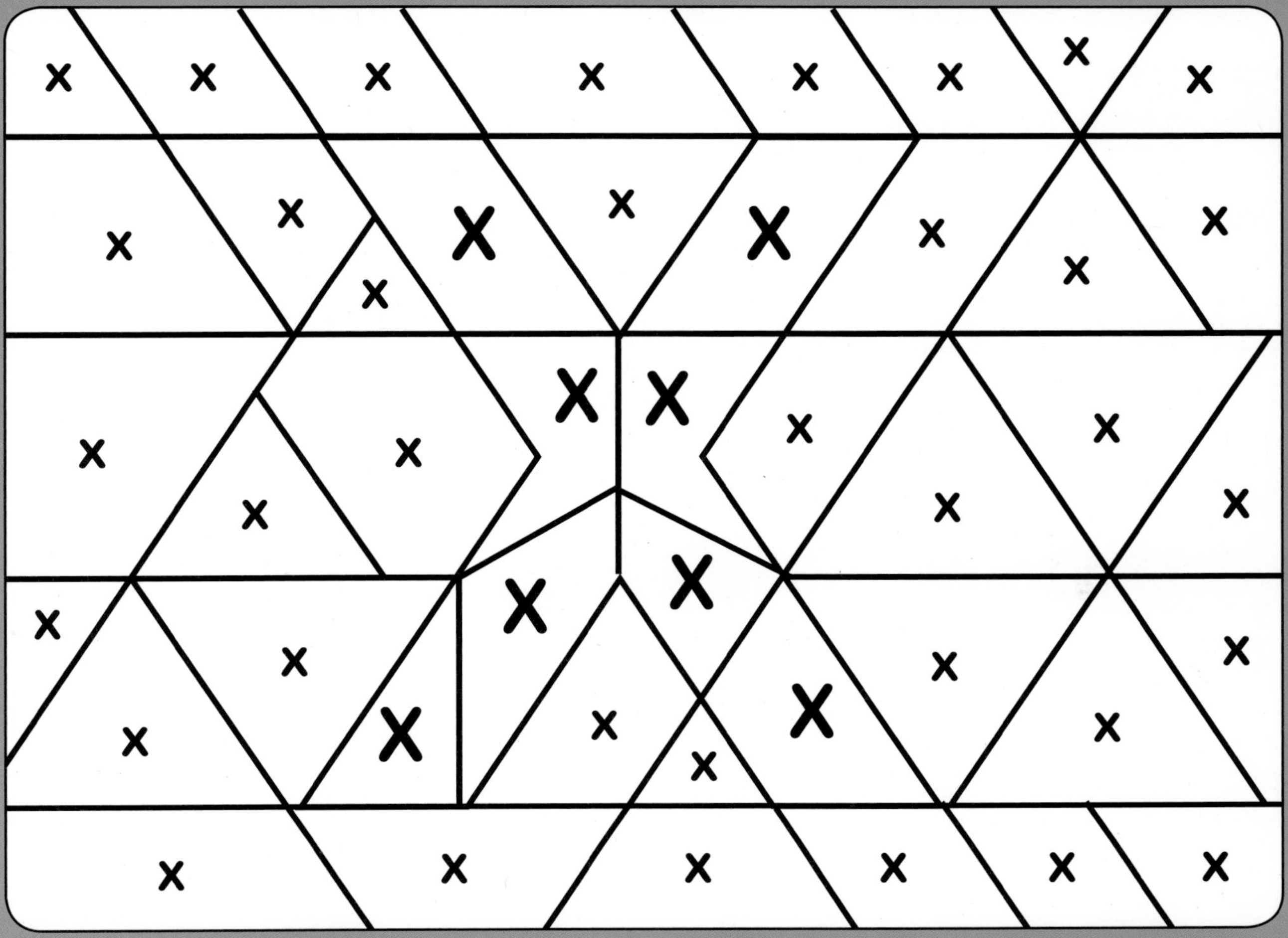

DAY 49

Y 대문자 '와이'라고 읽어요.

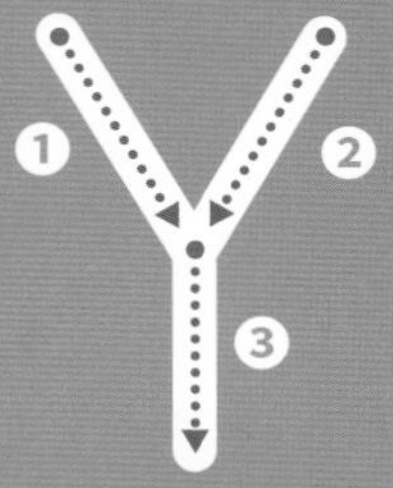

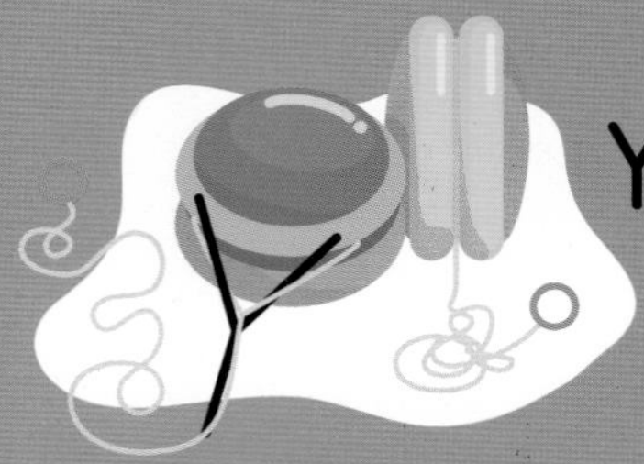

Yo-yo

A 점선을 따라 선을 그려보세요.

B 점선을 따라 글자를 완성해보세요.

Y Y Y Y Y Y

C 큰소리로 말하며 글자를 써보세요.

학습날짜 월 일 참 잘했어요!

대문자 Y를 찾아 그 갯수를 써보세요.

대문자 Y ( ) 개

A 빈칸에 들어갈 글자를 쓰고 읽어보세요.

요요

☐o-yo

노란색

☐ellow

털실

☐arn

B 대문자 Y가 들어간 단어에 동그라미 하세요.

코뿔소

Rhino

요트

Yacht

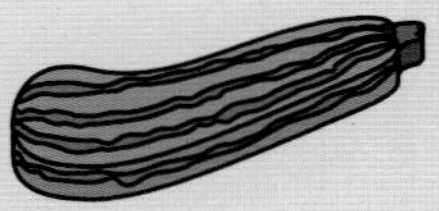

주키니

Zucchini

미끄럼틀

Slide

DAY 50

y 소문자 '와이'라고 읽어요.

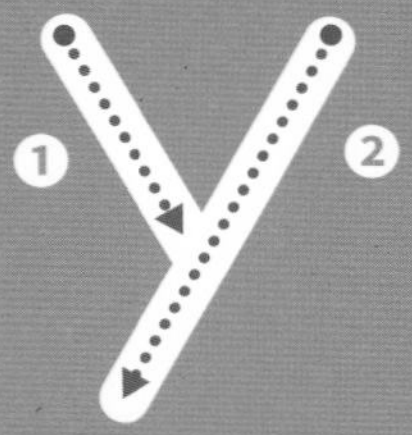

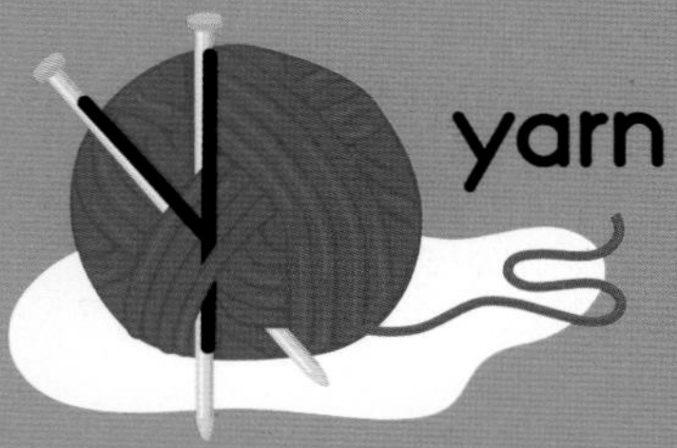

A 점선을 따라 선을 그려보세요.

B 점선을 따라 글자를 완성해보세요.

C 큰소리로 말하며 글자를 써보세요.

A 빈칸에 들어갈 글자를 쓰고 읽어보세요.

요트

_acht

야크

_ak

_oga

B 대문자와 소문자에 지정된 색을 칠하세요

Y = y =

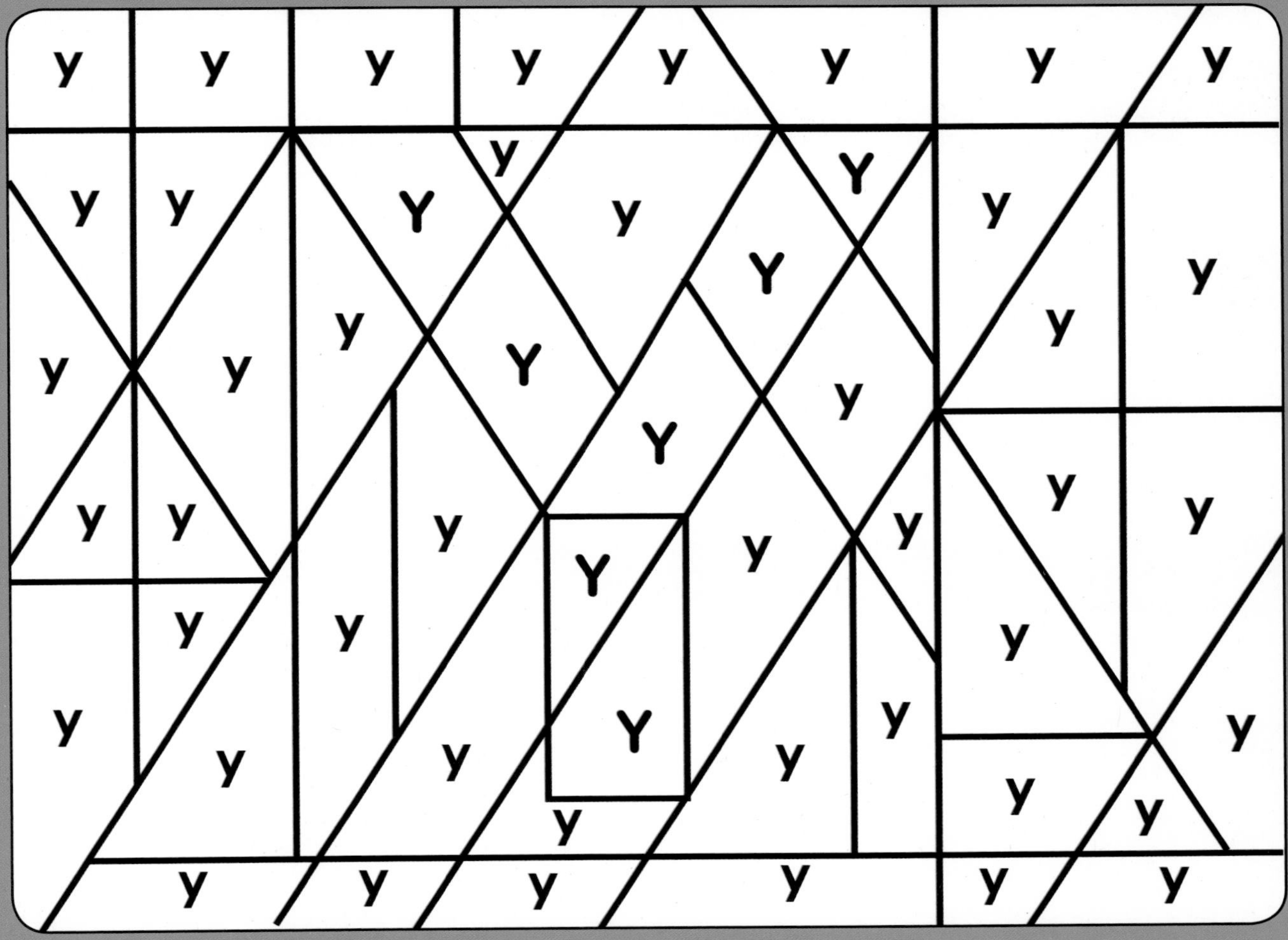

DAY 51

Z 대문자 '지-'라고 읽어요.

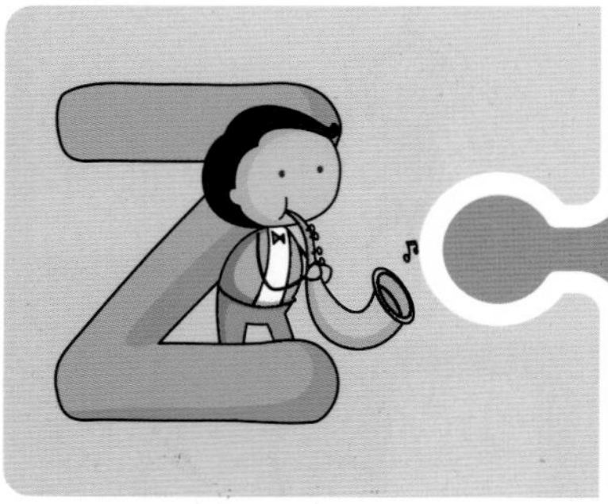

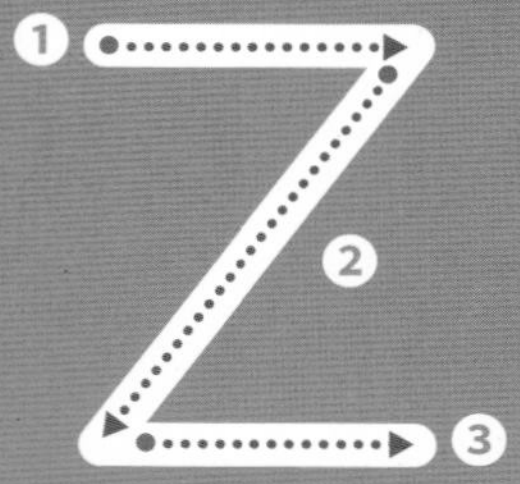

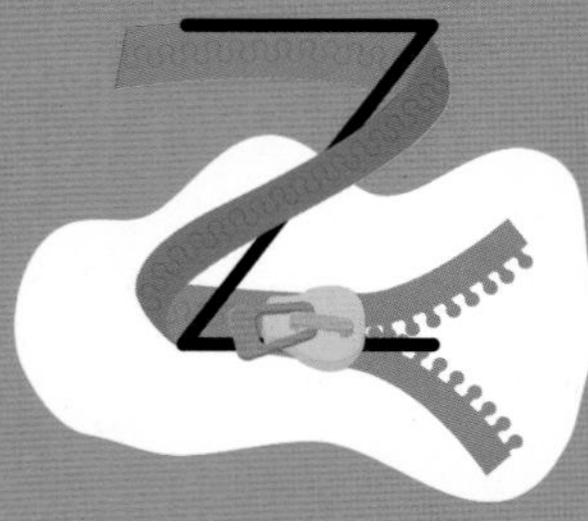

Zipper

A 점선을 따라 선을 그려보세요.

B 점선을 따라 글자를 완성해보세요.

Z Z Z Z Z Z

C 큰소리로 말하며 글자를 써보세요.

대문자 Z를 찾아 그 갯수를 써보세요.

대문자 Z ( ) 개

T U J L B

Z H K Z

S F A Z V

A 빈칸에 들어갈 글자를 쓰고 읽어보세요.

지퍼

□ipper

얼룩말

□ebra

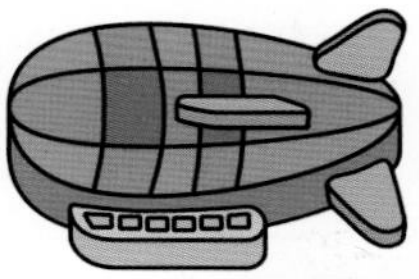

체펠린 비행선

□eppelin

B 대문자 Z가 들어간 단어에 동그라미 하세요.

우산

Umbrella

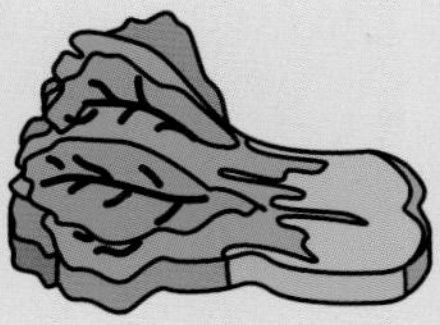

채소

Vegetable

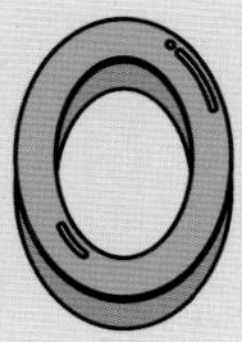

제로

Zero

털실

Yarn

DAY 52

z 소문자 '지-'라고 읽어요.

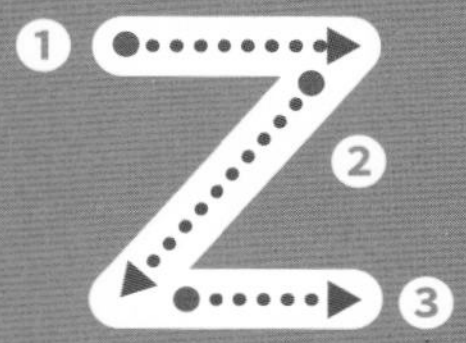

A 점선을 따라 선을 그려보세요.

B 점선을 따라 글자를 완성해보세요.

C 큰소리로 말하며 글자를 써보세요.

A 빈칸에 들어갈 글자를 쓰고 읽어보세요.

제로

☐ero

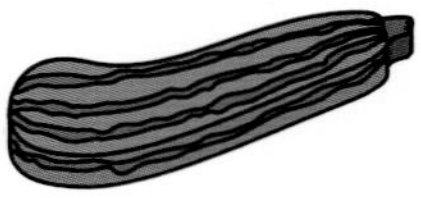

주키니

☐ucchini

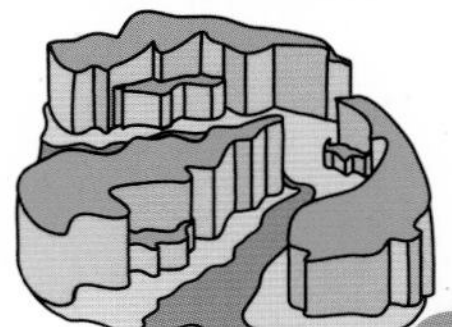

지그재그

☐igzag

B 대문자와 소문자에 지정된 색을 칠하세요

Z = (light color) z = (dark color)

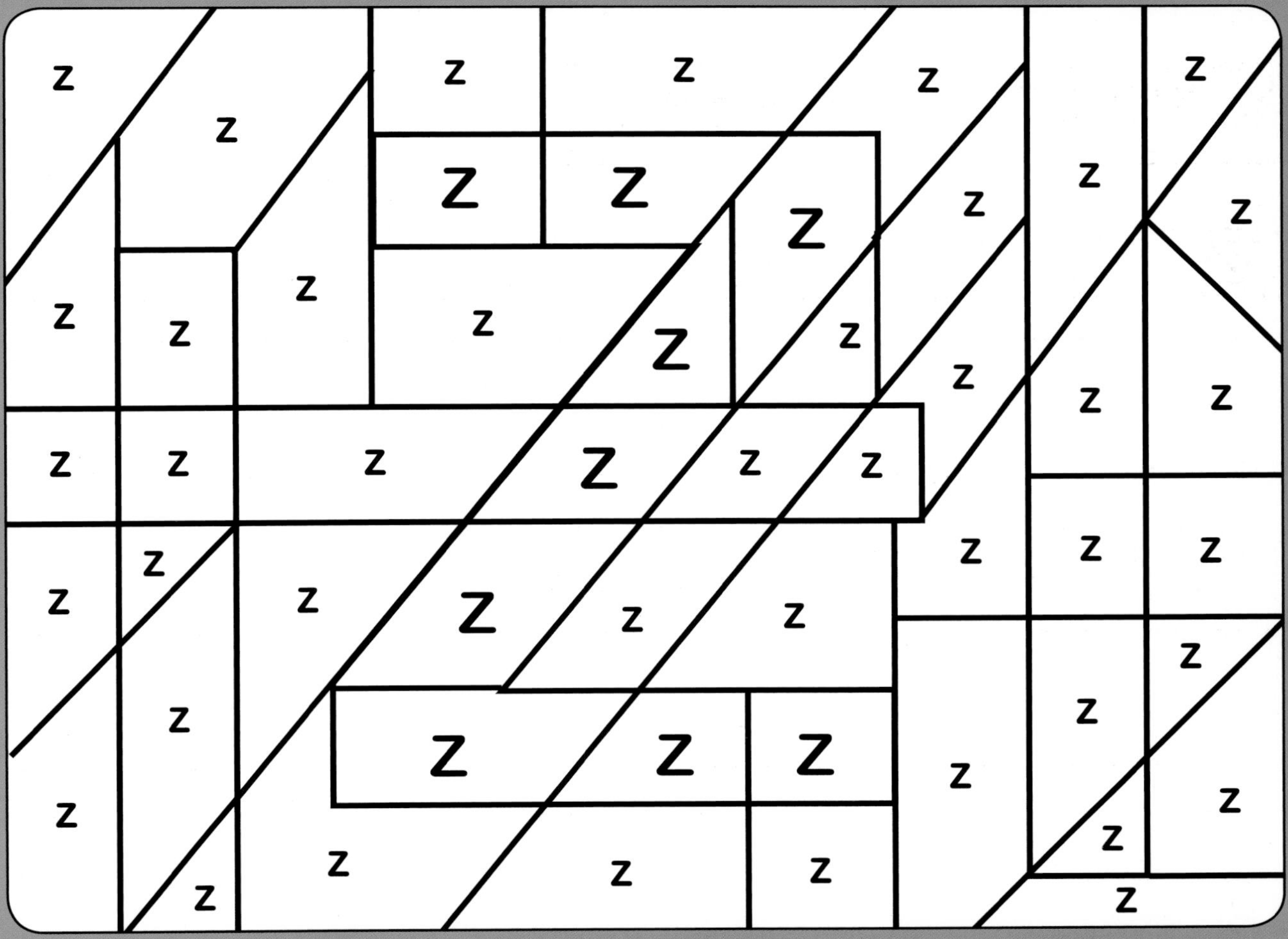

Alphabet
Cards

Alphabet Cards

에이

비-

씨-

디-

이-

에프

Alphabet Cards

쥐-

에이취

아이

줴이

케이

엘

Alphabet Cards

엠

엔

오우

피-

큐-

아-ㄹ

Alphabet Cards

에스

티-

유-

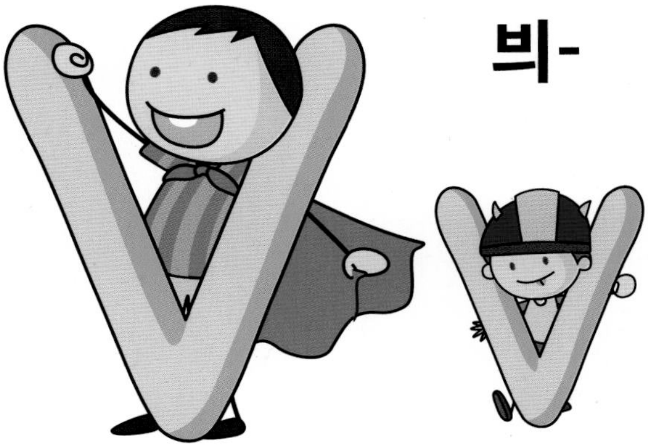

브이-

더블유-

엑스

Alphabet Cards

와이

지-

에이

비-

씨-

디-

맨 처음 Clock 알파벳 쓰기

ABCDEFGHIJKLM

N O P Q R S T U V W X Y Z

맨 처음 Clock

알파벳 쓰기